広江朋紀
Tomonori Hiroe

なぜ、

内なる力を

あのリーダーは

引き出す

チームを本気に

「ファシリーダーシップ」

させるのか？

同文舘出版

はじめに

あなたは、組織を率いる管理職になりたいですか？　リーダーになりたいですか？

私は組織開発のコンサルタントとして、多くの企業のビジネスパーソンと接する機会がありますが、自ら進んで管理職やリーダーになりたい！　という現場の声のトーンが年々、小さくなってきているのを肌で感じています。

従来のリーダーは、メンバーに的確な指示を与え、成果に向けて率先垂範してリードすることを期待されてきました。環境が安定し、進むべき方向性が明確な場合には、効率的なスタイルと言えます。

しかし近年、グローバル化の進展や新技術の開発、ライバル企業の台頭やM&A……日々、外部環境は目まぐるしく変わっています。加えて、組織の内部は指示統制に適したヒエラルキー構造から柔軟なフラット化へ、人材の価値観や就労観、ひいては雇用形態までもが多様化するなど、組織の内外がかつてないほど、大きく変貌しつつあります。
現場のリーダーは、こうした不確実性の高い変数に囲まれながらも、スピーディーに成果を求められるといったある種のパラドックスを抱えており、それが前述の「声の小ささ」につながっているのではないかと推測します。

そうした問題意識を背景に、現場のリーダーの皆さんに、変化のみを強要するのではなく、変化を迎え撃つ「武器」を提供すべくまとめたのが本書です。具体的には、メンバーを支援し、一人ひとりの意志やアイデアを引き出し、全体としての価値に変換するファシリテーター型のリーダーシップ・スタイルを体系化しました。

ファシリテーション（Facilitation）の接頭語「Facil」は英語の「easy」にあたり、促進する、容易にすることを意味します。つまり、ファシリテーター型のリーダーシップ・スタイルとは、組織に根ざす課題をリーダーひとりだけの力ではなく、メンバーの力を引き出し、事が運ぶように促すことを言います。言い換えれば、その役割は、舞台で華麗に舞う主役を自分が演じるのではなく、役者たちがいきいきと最高の芝居ができる舞台を整える世話人とも言えます。

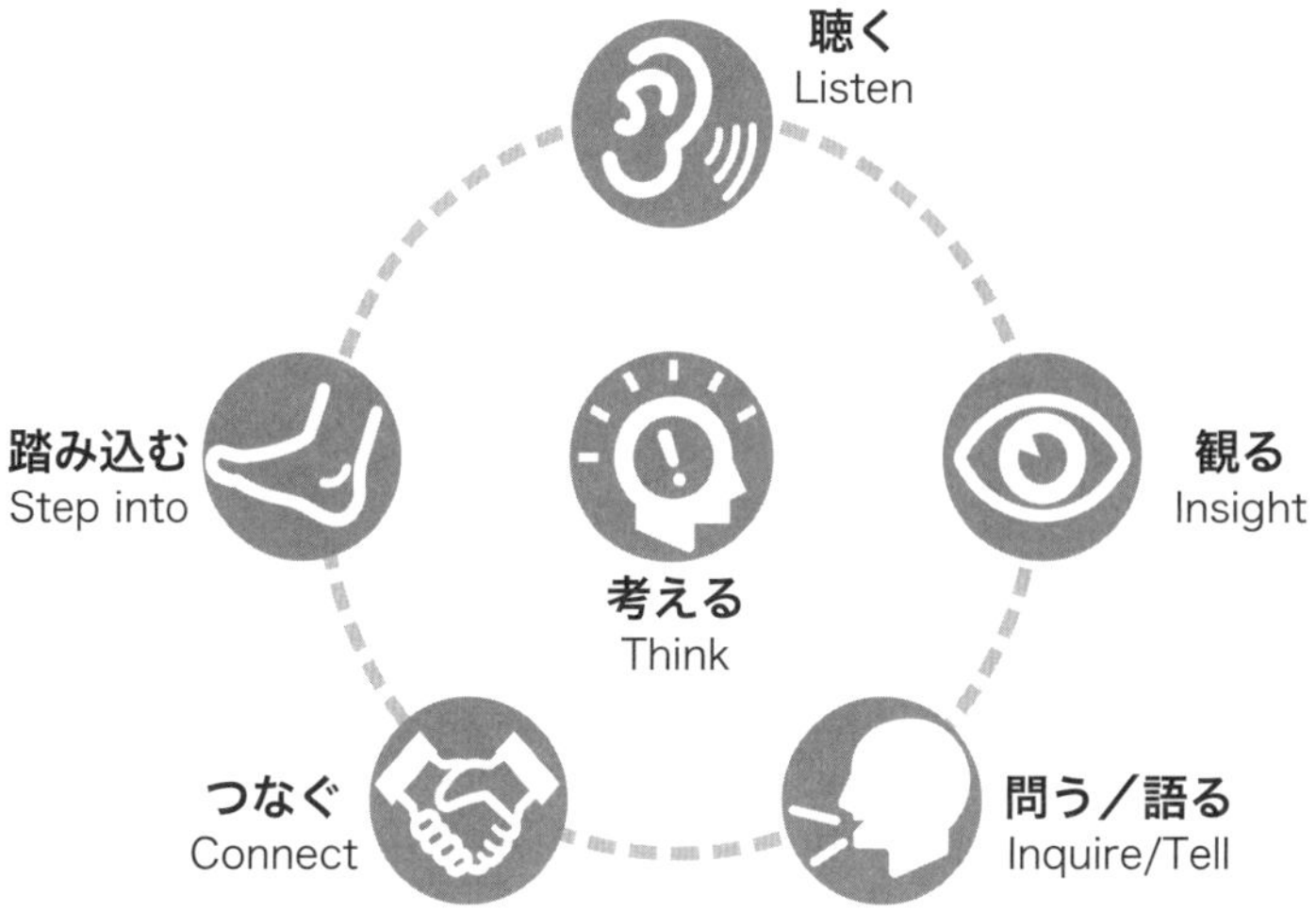

ファシリテーター型リーダーシップを発揮するには、人の部位になぞらえて、以下6つの機能の実践を伴います。

耳：聴く（Listen）メンバーに力を与え、相互作用を生み出すために、話す前に聴く

目：観る（Insight）さまざま次元、角度、距離感で観ることで、行き詰まりを突破する

口：問う／語る（Inquire/Tell）問いかけ、ストーリーを語り理屈を超え感情を揺さぶる

手：手と手をつなぐ（Connect）境界線を越えたつながりの土壌を耕し組織を進化させる

足：踏み込む（Step into）踏み込んだフィードバックで、本音が行き交う組織を作る

頭：考える（Think）過去の成功体験を健全に疑い、今ここに立ち止まり、考え抜く

リーダーの一歩ではなく、メンバーの百歩

のダイナミズムを巻き起こす6機能の実践から成る新たなリーダーシップ・スタイルを、「ファシリーダーシップ」と名づけました。内外の環境変化が激しいからこそ、変化の最前線である現場メンバーの自律的な問題解決を支援、促進し、チームを本気にさせる「ファシリーダーシップ」の発揮が今、必要なのです。

私はリンクアンドモチベーショングループで、年間150日、1000人を超える企業の部課長の皆さんを中心としたリーダーとの「場」を持っています。個人に人生の節目（進学、就職、結婚、出産）があるのと同様に、企業にも節目（周年記念・社長交代・新中期経営計画発表）といったライフイベントがあります。この企業の節目を変革の契機とし、一過性の「祭り」で終わらない、持続的な組織変革のお手伝いをしています。

個人の場合、本人の実行と継続が伴えば変革は推進されますが、組織ではいくらトップが大号令をかけても、中枢神経となるリーダーの意識と行動が伴わなければ、変革はグリットされません。だからこそ現場のリーダーの皆さんに、今の時代に求められるリーダーのあり方や職場での実践法を惜しみなく本書にしたためました。途中には、遊び心あるコラムを「小噺」として差し込みました。こちらもあわせてお楽しみください。

では、一緒に「ファシリーダーシップ」を発揮する旅に出発しましょう！

はじめに

1章　耳：聴く（Listen）

2章 目：観る（Insight）

4章 手：つなぐ（Connect）

5章 足：踏み込む（Step into）

6章　頭：考える（Think）

カバーデザイン　ホリウチミホ（nixinc）
本文デザイン・DTP　草水美鶴

We have two ears and one mouth so that
we can listen twice as much as we speak.

「神は人間にひとつの口と、ふたつの耳を与えた。
しゃべることの２倍多く聞けということだ」

Epictetus　エピクテトス

古代ギリシャ哲学者（50－135）

1章

耳

・・

聴く Listen

【概要】

人には、根源的に自分の考えや価値観、存在を認めて欲しいという欲求があります。リーダーが心を開き、メンバーの話を丁寧に聴くことができれば、メンバーもリーダーに心を開きます。双方の心が開かれたチームには活発なコミュニケーションがあり、常にアイデアの生成が起こります。では、そうした聴き合うことで響き合うチームは、どのようにすれば創れるのでしょうか？　本章では、心理学的な知見や職場での豊富な実践例を元に、聴く力を高める技術について述べていきます。

リーダーは「話す」より「聴く」

❶リーダーに必要な「聴く」力

どんな仕事でもリーダーの役割の大半は、コミュニケーション活動に費やされます。

リーダーには、組織の結節点、車輪の外周と車軸をつなぐスポークが集中する「ハブ」として、一緒に働く人と人をつなげ、未来に向かって前進するためにあらゆる情報を収集し、モチベーションを引き出し、人をまとめチームを運営していくことが求められます。

コミュニケーションというと、話し方、伝え方に焦点が当たりがちですが、聴く力を高めることでメンバーの承認欲求を満たし、組織への帰属意識や貢献意欲を高めることも忘れてはいけません。

なぜなら、人は誰しも相手から認められたいという欲求を持っており、相手の話に敬意を払い、真摯に耳を傾けることは、相手を価値ある存在として認め、受け入れることにつながるからです。そして人は、欲求が満たされると、自分の存在価値を認めてくれた相手や組織に報いたいという貢献意欲が自然に湧いてきます。

よい聴き手になる秘訣は、相手のマイクを奪わない、自分が舞台に上がらないこと。ともすると相手の話を最後まで聞かずにマイクを奪ってアドバイスしたり、舞台に上がって自説を展開したり、途中で遮って説教をはじめてしまうようなことがありますが、リーダーが心の底から耳を傾ける態度が、メンバーや場にポジティブな影響を与えることを忘れてはいけません。

❷「聴く」は十四の心から成り立つ

「聴く」という字を分解してみると、「耳」、「十四」、「心」に分けることができます。そのことから、聴くとは、「十四の心で聴くこと」とも言われます。

諸説ありますが、十四の心とは、1尊敬の心、2感謝の心、3愛する心、4温かな心、5公平な心、6素直な心、7謙虚な心、8与える心、9寛容な心、10認める心、11無知の

「聴く」ために必要な14の心

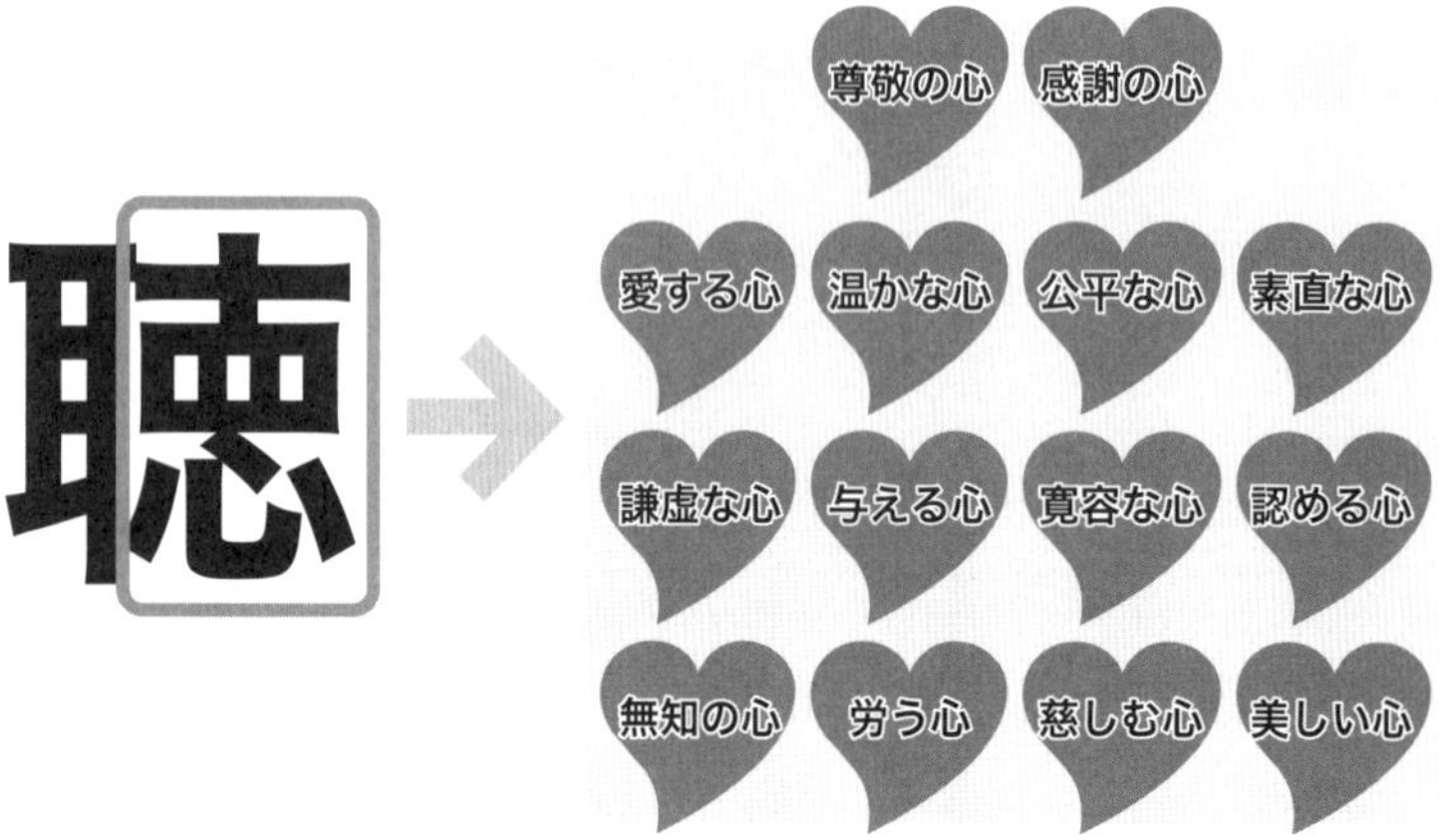

心、12労う心、13慈しむ心、14美しい心、と言われています。

聴くことには、音として耳に入ってくる情報をＢＧＭのように聞く（Hearing）のではなく、自分の中にある十四の心を総動員し、積極的に耳を傾けて聴く（Active-Listening）という能動的なプロセスが求められます。

❸「聴く」力を高める7つの秘訣

それでは、「聴く力」は具体的にどのようにして高めればいいのでしょうか？　よく「聴く」ための7つの秘訣をお伝えします。

秘訣その1　いつものパターンを捨てて、まずは聴く

あなたがメンバーと話をしているいつものシーンをイメージしてください。あなたは何割程度、話を聴けていますか？　聴くよりも話す割合が多くなっていませんか？

私たちは、自分のいつものパターンに邪魔され、相手の話を聴けないことがあります。19ページの図から、自分が陥りがちなパターンを選んでみてください。まずは聴くことからすべてがはじまります。助言するのは、その後からでも遅くはないのです。

秘訣その2　聴くためのリラックスした姿勢を作る

聴くには適した姿勢があります。話を真剣に聴こうとするあまり、全身に力が入ってしまうと、強ばり、緊張し、心に余裕がなくなります。また、それは相手にも感染し、建前

だけの表層的な会話になりがちです。

リラックスして聴くには、腕組みをせず、力を抜き、体の重心を下げ、十分に落ち着いて聴くことが必要です。また、相手の話を聴いているうちに自分の呼吸が浅くなっていることに気づいたら、深く呼吸しましょう。心を落ち着かせたいときには、「吸う息は、自然に。吐く息は、長く」が基本。長く深い呼吸で横隔膜が動くと脳幹が刺激され、脳内ホルモンのβ《ベータ》エンドルフィンなどの物質が出て、心身がさらにリラックスしていきます。

秘訣その3　相手との適度な距離を調整する

人は、近すぎると居心地の悪さを感じ、遠すぎると違和感を覚えます。人との距離には50センチ以内の「親密距離」、1メートル前後の「日常距離」、2メートル前後の「社会距離」がありますが、基本は親密距離の外側、日常距離が好ましく、また、正面よりカウンター形式で横に座ったり、斜めに座るほうが双方、緊張せずに話を進めることができます。相手が不快に感じない位置を、会話しながら調整してみてください。

秘訣その4　相手の目を見すぎない

子供のころから「人の目を見なさい」と教えられますが、目の見すぎは緊張を誘います。

あなたはいつも、どのパターン？（目標未達が続く部下との会話）

	上司の台詞	部下の反応（心の声）
❶ 自分の話パターン	大変だよな。俺もそういうときあったから。俺のときはさ…。	別に課長の昔の話を聞きたいわけじゃない。
❷ 分析パターン	今回の敗因はおそらく…。	敗因を知りたいわけじゃない。
❸ 説教パターン	いいか、営業というものはだな…。	…結局聴いてくれないな。
❹ ごまかしパターン	大丈夫だよ。もう少しすれば、きっと芽が出てくるから。	大丈夫じゃない。何とかしなきゃと一番思っているのは自分なんだから。
❺ 詰問パターン	どうして、目標数字の達成ができないんだ？　なぜだ？　なぜ？　なぜ？	なぜって、今期はこういう事情で…（言い訳）
❻ 警告パターン	来期目標数字未達だったら、降格するかもしれないぞ。	この上司の下では、やってられない。転職しようかな。
❼ 批判パターン	君が目標行かないと、うちのグループ全体に影響するぞ！	そんなことは、わかってる…。
❽ 否定パターン	いつもいつも、君はだめだな…。	…。黙して反発

特に自分が上位役職者でメンバーの目を凝視すると、メンバーは萎縮したり、上司が喜ぶことを言わねばと真意を伝えづらくなります。意図して相手の目を見るのは、会話がはじまったときやあいづちを打つときだけで構いません。「私は、あなたのことを評価、判断しようとしているのではなく、理解しようとしている」という姿勢が伝わればいいのです。

秘訣その5　うなずき、あいづちの認知を入れる

うなずきやあいづちは、私はあなたの話を聴いていると伝えるサインです。また、余計な言葉を挟まないことで話し手に自由を与えます。「うん」「ほぅ」「なるほど」「へぇー」といったシンプルな言葉に聴き手の気持

ちをしっかりと乗せましょう。話し手も聴き手の反応にはとても敏感なので、気持ちの乗らない、その場しのぎのうなずきや「はい」や「うん」だけの単調な反応だと、話し手のエネルギーが下がっていくので注意してください。

秘訣その6 「相手の言葉」で繰り返す

繰り返すことで、「私はあなたの話に興味を示している」ことを伝えられます。必要なのは、相手の使った言葉で繰り返すこと。言い換えはNGです。言い換えには聴き手の解釈が入りがちで、よかれと思って綺麗な言葉で言い換えてしまうと、自分の言葉を他人の持っていきたいところに持っていかれたように感じてしまいます。

秘訣その7 沈黙を恐れない

沈黙は金なりと言いますが、沈黙は、相手に本音を言えるスペースを与えます。話し手が話し終わり、区切りがついたように見えても何かを考えているような様子があれば、黙して待ちましょう。本当に伝えたいことは、ある程度話した後にフッと出てくることが多いものです。焦らず、穏やかに微笑み、体の力を抜いて視線を外し、相手の話をゆっくりと待てばいいのです。

このように、よく「聴く」ためには秘訣があります。リーダーが心の底から耳を傾ける態度が、メンバーやチームにポジティブな影響を与えることを忘れてはいけません。

もし、「あなたは、こうすべきだ」と相手に向かっていく「at」のコミュニケーションを取ることが多いのなら、評価、判断をいったん脇において、相手の現状を一緒に受け止めて聴く「With」のコミュニケーションへ変換してみてください。「話す」より「聴く」を意識した実践をリーダーの新しいあり方として取り入れてみるのはいかがでしょうか。

小噺◆1

ワンパターンから抜け出す「あいづち」9×9

あいづちは、ただ打てばいいというものではなく、相手の話の流れに沿うことが必要です。流れに沿ったあいづちは、自然な流れに沿いつつ、さらに豊かな流れを創ります。

私の会社は東京・銀座にあるので、たまに東銀座にある歌舞伎座に行くのですが、歌舞伎の掛け声を入れるタイミングは、芝居を活かしも殺しもします。

役者に大向こうから、「成田屋！」「音羽屋！」といった屋号の掛け声を掛けられるのは、芝居の流れを心得ている玄人だからこそできる、ある種の「技」です。

あいづちの語源は、鋼を鍛えるときの相方の打ち出す槌のことで、タイミングよく打ち手のリズムをつかみ、それに合わせて槌を打つ。ベテランの職人同士になると、双方の呼吸が完全に一致するそうです。まさに、息と息が合うコンビネーションです。

話の流れを妨げず、さらに豊かな流れが加わり、調和していく。そうしてはじめて立体的なあいづちになり、聴く力を最大限に高めることにつながります。

左ページは81個のあいづちリストです。使うか使わないかは、あなた次第！

使うか使わないかはあなた次第！　9×9のあいづちリスト

はい！	本当に！	すごい！	すてき！	やった！	うんうん	キター！	神！	やるね
わかるよ	そうなんだ	しんみりするね	泣ける	耳に痛い	何て日だ!	よし！	クーッ	ペコリ
ひゃーっ!	ビックリ!	目が覚める	ヤバイ	感涙！	胸に沁みる	イイネ！	ホウホウ	さすが!
らしいね!	そうきたか	ゆるむなー	信じてる!	それから〜	ありがたい!	うっちゃり!	いけてる!	伝説!
楽勝!	社長!	大統領!	ふむふむ	そうきたか	ははー	ふーっ	へーっ	おおーっ
ハハハッ	気づかなかった!	魅せるね	正直!	その角度から!	ズキュン	クワッ	もう1回!	愛だねっ
うっとり	エース!	いいよ	そうですか!	たしかに!	一番!	丸いなぁ	思いきったね	キレてる
ムムム	最善だね	いい選択	アッ	グサッ	ピカッ	新しい!	好きです	クレイジー
カカカッ	未来だね	たそがれ!	アンド〜	からの〜	熱い!	クール!	100点!	なるほど!

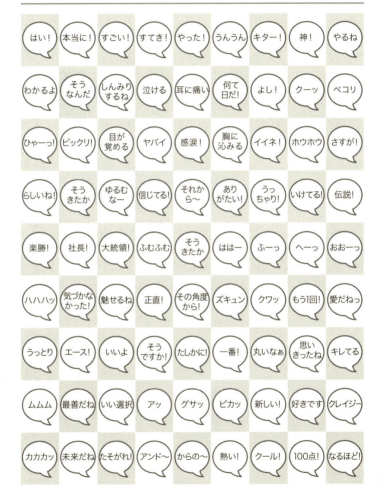

3 リーダーが知っておくべき実践心理学

❶ カウンセラーマインドで聴くと、メンバーはいきいきと語り出す

臨床心理学者のカール・ロジャーズは、来談者中心療法という精神療法を確立した心理療法の大家です。ロジャーズはカウンセリングの基本原則として「無条件の肯定的配慮」「共感的理解」「自己一致」の3つを掲げています。専門的な解説は専門書に譲るとして、ロジャーズの基本原則からリーダーがメンバーの話を「聴く」ときのポイントを簡単に紹介します。

「無条件の肯定的配慮」とは、無条件（unconditional や Non-Judgement と言われます）というのがポイントで、メンバーの態度や価値観、感情表現などを、いったん無条件に受

け入れます。ひと言で言うなら「受容」です。メンバーに自分の価値観や社会常識を押しつけず、否定せず、メンバーのありのままを受け入れるのです。

たとえば、自分のチームに問題のあるメンバーがいたとすると、「君のこういうところは買っているけど、ここは直して欲しい」というように、つい条件をつけてしまいがちです。そうすると部下は上司の顔色を見て、「こんなことを言ったら怒りのスイッチが入って怒られるかもしれない」と自分の考えを出せなくなってしまいます。口を出したくなる気持ちを抑えて、まずは、部下のありのままを受け入れることからはじめましょう。

「共感的理解」は、共に感じると書く、文字通り、相手の感情を汲みとり、あたかも自分の感情であるかのように感じることです。話をしている相手の、今ここにある感情を一緒に感じることが必要で、「くやしい」や「悲しい」という思いを相手が持っていれば、「くやしかったんだね」「悲しかったんだね」と一緒に感じる姿勢が何より大切です。共感を示してもらうだけでメンバーは、自分の感情に蓋をすることなく、大切にしてもいいと思えるのではないでしょうか。

最後の「自己一致」は、少し難しく言うと、あるべき自分の自己概念とあるがままの自分の状態が一致していることを指します。自己一致していることとは、聴く側の姿勢として必須です。往々にして悩みを抱えている部下は、今のあるがままの自分が認められない自己不一致の状態にあることが多いので、聴く側の上司が自己一致していないと、相手の悩みを支えきれない状態になってしまうのです。

とはいえ上司も人間なので、悩みを抱えることが多くあります。その場合、「自分は今、悩みを抱えている」と自覚できれば、自己一致の状態にすることができます。平たく言えば、自己一致の状態とは、「ありのままの自分でいること」。自分は部下より偉い上司なのだからと必要以上によく見せようとしたり、隠し立てをすることなく、オープンに自然に、相手と向き合う姿勢が必要です。実は、部下からすれば、不完全なリーダー、人間くさいリーダーのほうが身近に感じられ、共に力を尽くしたいリーダーに映るのです。

❷ 承認が与えられないと無自覚に展開される「心理ゲーム」

リーダーが前述の「カウンセラー・マインド」で、相手を価値ある存在として「無条件の肯定的配慮」で「受容」し、メンバーの状態に「共感」し、「自己一致」の状態で聴くことができれば、相手の意見や存在そのものを「承認」することにつながり、一緒に働くことに対して前向きな気持ちを引き出せる可能性が高まります。

精神科医のエリック・バーンが提唱した交流分析では、人には承認や愛情を求めて互いに交流しあうという前提があります。しかし、他者から肯定的な承認が得られないと、たとえ否定であってもいいので、何らかの反応を相手から引き出そうとします。

組織の中で、たまに「かまってちゃん」と烙印を押されるメンバーがいますが、周囲からの「否定」が恒常化すると、「心理ゲーム」と呼ばれる、愛情に飢えた子供がやるような反応が展開されます。参考までに、いくつかを紹介します。

「はい、でも」ゲーム

相手が提案やアドバイスをしてくると、「はい、でも……」と反対意見や不同意を述べるゲーム。いったんは受け入れるそぶりを見せながらも、結局、何を提案されても却下する。

粗探しゲーム

大勢に影響のない、相手の些細なミスや欠点を厳しく追及、非難するゲーム。「自分はＯＫだが、他人はＯＫではない」という、他人を否定し、自分を肯定しようとするゲーム。

仲間割れゲーム

仲間同士が不仲になるような悪口を伝達し、対立を誘発するゲーム。「あなたのことを悪く言ってる人がいるよ」といったように、自分以外の他者の間に対立を引き起こし、相手に不安を誘発することを狙いとする。

大騒ぎゲーム

自分の不幸を大げさにアピールし、他人の同情を集めようとするゲーム。自分がどれだけ苦しい状況にあるかを訴えて、相手を窮地に追い込もうとする。糾弾された側は罪悪感を持ってしまう。

これらの心理ゲームは、悪気なく行なわれていることが多いものです。自分自身が無自覚にゲームを展開していないか、リーダーも振り返る機会を持ちましょう。

もしも相手にゲームを仕掛けられた場合、否定的な反応を示すとさらにゲームが展開されてしまうので、感情的に返さないなど肯定的な対応をすることで、ゲームの続行を不可能にしましょう。

❸ Win‐Winを実現するI'm OK! You are OK!

メンバーの話を聴く際に、上司という役割や立場が邪魔をして、「私がこのメンバーを何とか変えてやらねば！」「そんなことをしてはいけない！」「あなたはこうすべきだ！」と決めてかかりがちです。また、最近は、優秀な部下を前にすると上司のほうが及び腰になり、部下との距離を空けてしまうといったケースも現場でよく見聞きします。

そこで、相手も自分も犠牲にせずに、お互いWin‐Winで聴き合える関係性を築くための、前出のエリック・バーンが考案した地図、人生の立場（ライフ・ポジション）という考えをご紹介します。

ライフ・ポジションとは、①「私も君も大切な存在」、②「君は立派だが、私はダメ」、③「私はいいけど、君はダメ」、④「私もダメだけど、君もダメ」と、自分と相手の立場を4つの象限に分けて考えるものです。言わずもがなですが、①の象限をめざしましょう。

そのためには、立場、年齢、職位などの違いがあったとしても、リーダーの権限を笠に着ようとしない、変に自分を卑下しない、相手が自分で問題を解決できると信じ、相互信頼・協力を意識して全身で「聴く」ようにしましょう。

傾聴にも役立つ「ライフ・ポジション」

出典：エリック・バーン「人生の立場」

メンバーとの関係がうまくいっていないと自覚したとき、自分が今、どこの象限にいるのか、確認することからはじめることをお勧めします。

❷の象限「I'm not OK!－You are OK!」にいることに気づいたとき

自分は何を恐れているのか、不安なのか、漠然とした不安を書き出してみる。問題を、解決できることと、できないことに分けてみる。

❸の象限「I'm OK!－You are not OK!」にいることに気づいたとき

相手のどんな点にいら立っているのか、単純に好き嫌いで分別していないか、相手を排除しようとしていないか、自分に問いかける。

❹の象限「I'm not OK! - You are not OK!」にいることに気づいたとき

これまで、自分が仕事をしてきた中で最高の瞬間を思い出してみる。何ができるか、人から一目置かれる点は何か、他者に自分の強みやリソースを聞いてみる。また相手に、自分にはない特技や専門性、秀でた点はないか探してみる。

小噺◆2

ネイティブアメリカンに学ぶ「サークル」の力

「トーキングサークル」をご存じでしょうか。そのまま訳せば「話し合いの輪」で、ネイティブアメリカンに伝わる伝統的な話し合いの場のことを言います。燃え盛る焚き火を囲んで輪になり、ひとつのテーマをもとに一人ひとりが話すことに静かに耳を傾け、個人の心の内側の奥深くから染み出てくる言葉を大切にシェアし合う場です。この場では、特にレイアウトの力が大きく働いています。

上座・下座の区別のない輪（サークル）には、お互いの存在をフラットに受け入れる力があります。そして、対面する特定の誰かにではなく、中央の焚き火に向けて話すことで、本音を打ち明けやすくなる効果があります。

職場など室内で実施する場合は火を焚けないので、サークルの中央には象徴となるオブジェクトを置きます。以前、私の職場で実践したときは、写真のようなオブジェクトを使いました。お互いの智慧について話をし、聴き合うという場だったので、智慧の象徴、OWL（フクロウ）のぬいぐるみを置いています。

話す人は木製のトーキングスティックを持ち、それを持っている人以外は話してはいけないという決まりがあり、話し手の「声」を参加者全員で聴ききります。最後に、話を聴き終わったら、「あなたの話を十分に聴いたよ」ということを示す掛け声「Hо―」（ホーッ）と共に右手を胸の前に掲げたりします。

このトーキングサークルの極致とも言えるのが、ネイティブアメリカン伝統の儀式、「スウェットロッジ」です。私は以前、アリゾナ州セドナ近郊で、ラコタ族のシャーマンのもとで実際に体験しました。

「スウェットロッジ」体験の具体的なエピソードを知りたい方は、前著『研修・ファシリテーションの技術』（同文舘出版）をご参照ください。

職場で実践！「聴き合い、響き合う」ための場づくり

❶「1on1ミーティング」でメンバーの経験学習サイクルを回そう！

最近、注目を集めている、職場での上司とメンバーの1on1ミーティングについて、まずは紹介していきます。

米国のリーダーシップ研究の調査機関であるロミンガー社によると、リーダーシップを効果的に発揮できるようになった経営幹部たちに「どんな出来事が役立ったか」と聞くと、「70％が経験、20％が薫陶、10％が研修」という調査結果があります。別名「70：20：10の法」とも呼ばれるこのロミンガー理論では、人の成長やリーダーの育成を醸成する割合について、7割は仕事での経験から学び、2割は上司をはじめとする周囲の手本となる人からの助言や指摘などの薫陶から学び、最後の1割は研修から学ぶ、とされています。

リーダー育成に重要な３つの要素とバランス

参考：リーダーシップ育成に関する調査結果／Lominger社

7割を占める経験も、ただやみくもに経験すればよいということではなく、経験から学習し、次のアクションへつないでいくためのスループット作業が必要で、それを最大限、支援するのが、上司と部下の1on1ミーティングなのです。

そして、経験から学び、実際の行動につなげていく流れを示したものが、組織行動学者デービッド・コルブが提唱した「経験学習モデル」という概念です。人は実際の経験を通し、それを省察することでより深く学べるという考えを、「経験→省察→概念化→実践」という4段階のサイクルでまとめています。

1on1ミーティングの基本は、このサイクルを下敷きに置きつつ、上司と部下の協同作業でサイクルを回していくことにあります。

たとえば、営業部のあるメンバーが、ミーティングのトピックに「業務課題」を選び、リーダーに同行してもらうことなく、単独でクロージングに成功し、成約した話を取り上げたとしましょう。そのときリーダーは、まず、なぜうまくいったのか、メンバーの目を見てあいづちを入れながら傾聴し、顧客先でのクロージングトークの流れを思い出すことにつき合います（経験）。そして「うまくいかなかったときとの違いは何？」など、質問を入れながら省察を促します。結果、メンバーの今回の成功体験から独自の教訓を引き出し（概念化）、再現性を高められるよう、働きかけるのです。

基本的に何を話しても構いませんが、メンバーが選びやすいように、あらかじめトピックの選択肢を用意しておくこともひとつのやり方です。参考に4つのトピックをご紹介しますが、これがすべてではないので、その他に扱いたいものがあれば、事前にメンバーに考えてきてもらうように伝えます。

何より大事なことは、この場は、リーダーが進捗を確認する場ではなく、メンバーのために開かれる場であるということです。

デービッド・コルブ／「経験学習モデル」

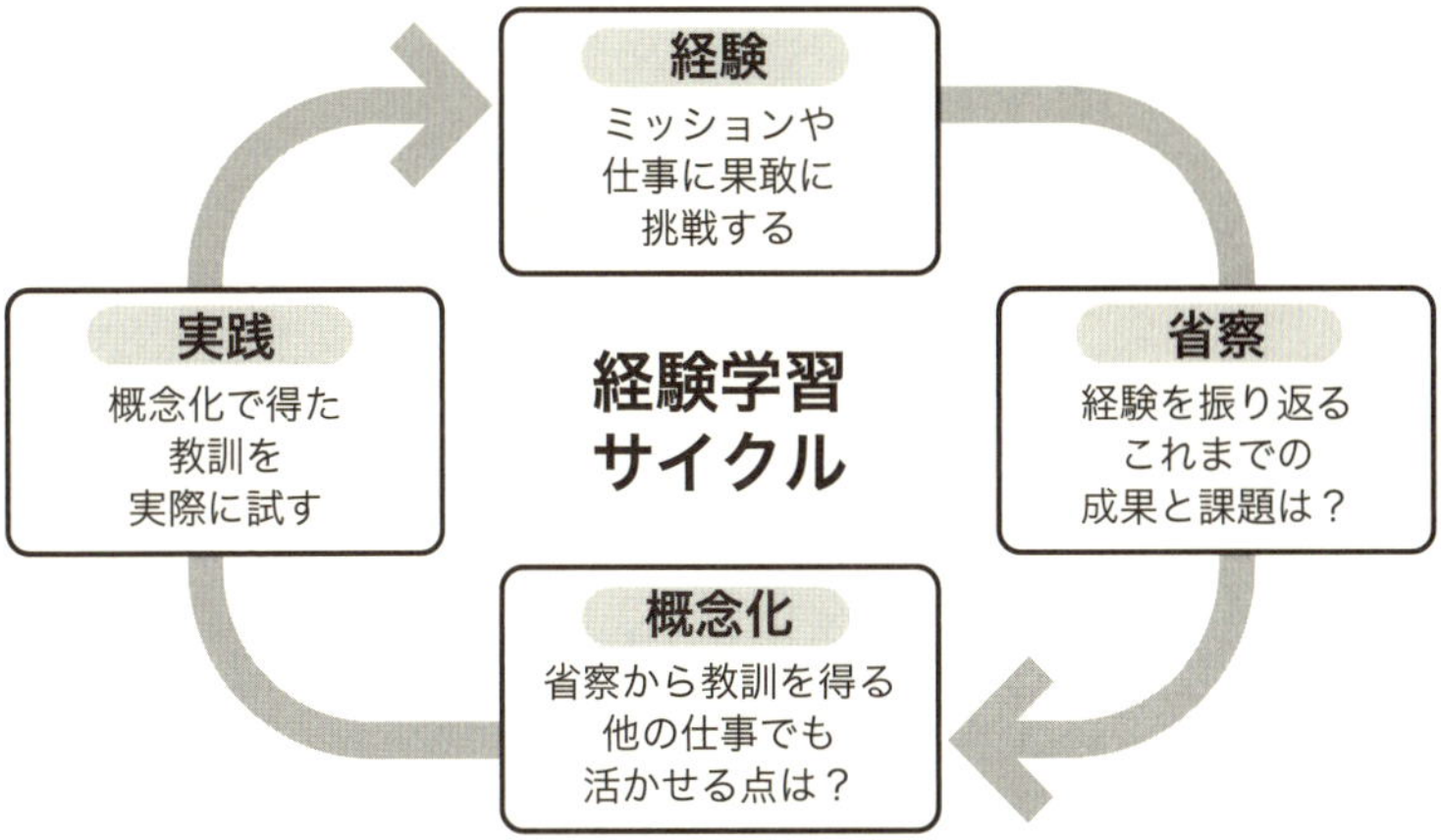

「1on1 ミーティング」のトピック例

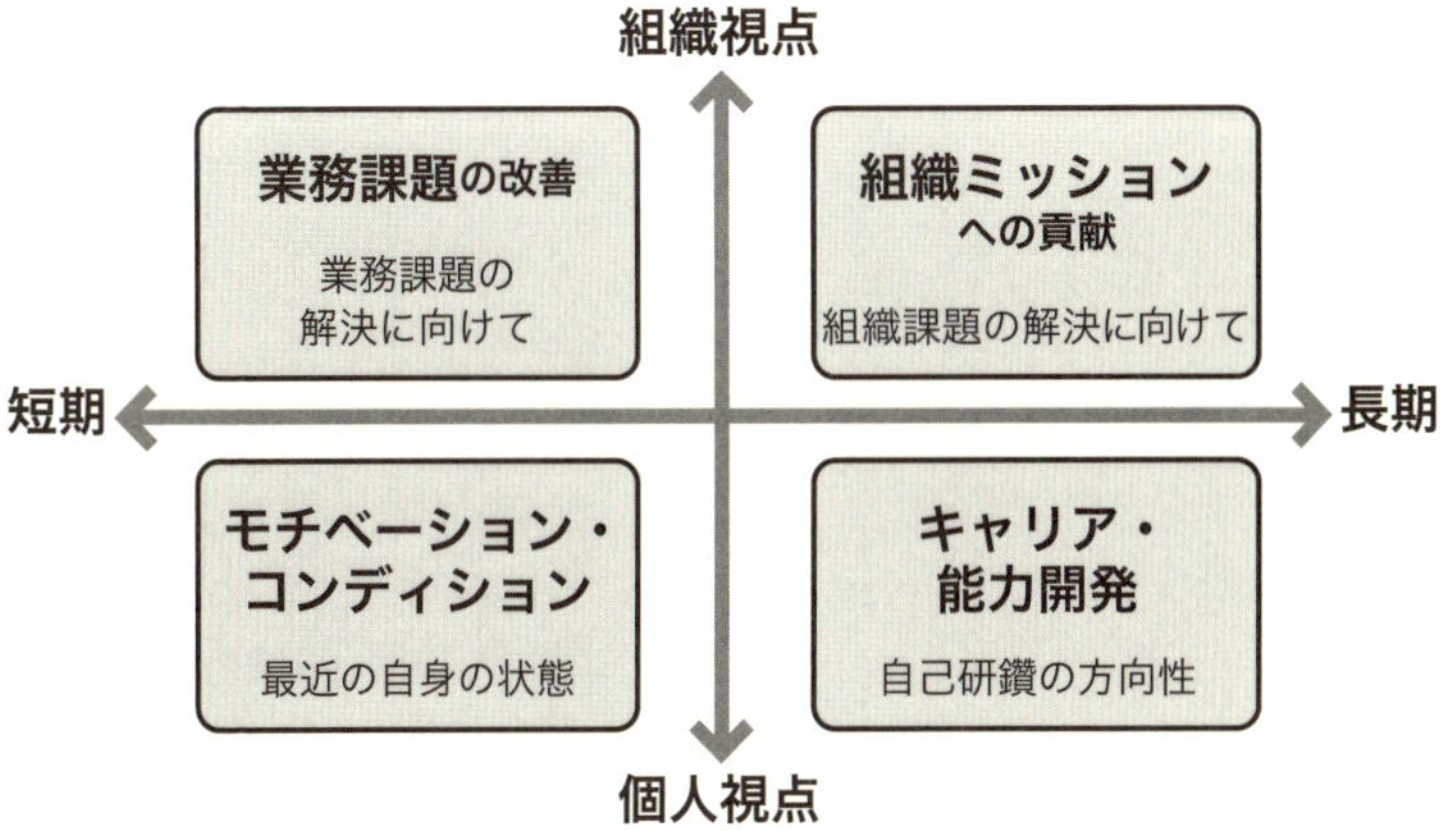

「1on1ミーティング」の進め方例

❶ チェックイン 5分

（今、ここの感じや今日の場への期待など、双方簡単に）

❷ 前回のレビュー 5分

（前回の1on1ミーティングの振り返りとその後についての確認）

❸ 今回、扱いたいテーマトピックの選定と相談タイム 15分

（□モチベーション・コンディション　□キャリア・能力開発
□業務課題の改善　□組織ミッションへの貢献）

❹ まとめと次回までのアクションの確認 5分

日常業務の進捗ならこの場で扱うことはせず、いつものOJTの中で実施するようにしましょう。1on1ミーティングでは、前ページのトピック例のように、緊急度よりも、重要度が高いトピックを扱います。

あえて立ち止まって考える時間を設けなければ出てこない領域を扱うことで、質の高い仕事に意識を向けることを支援しましょう。

1on1ミーティングは、週に1回、少なくとも隔週ごとの実施を推奨します。1回30分程度と比較的短い時間で行なうことが、継続のコツです。

以上を参考に、リーダーとして、あなたの職場のベストウェイを探究してください。

❷「リーダーズインテグレーション」でチームを統合しよう！

職場のメンバーが、リーダーについて聴きたいことを聴くための手法のひとつに、「リーダーズインテグレーション」があります。「インテグレーション＝統合」という言葉が示すように、リーダーとメンバーの統合を促すもので、組織の再編などで急にリーダーやマネージャーが代わるときに、変化に対する抵抗を可能な限り抑え、スピーディーなチームビルディングを実現させたいときに使える手法です。

リーダーズインテグレーションを成功させるポイントは2つ。①ファシリテーターの選定、②メンバーがリーダーに一方的に不満を吐くだけの場にしないこと、です。

①については、可能であれば、同じ職場のメンバーは避けること（リーダーとの関係が評価者、被評価者に該当しないことが好ましい）。別部署の人や外部のファシリテーターなど、利益関係のないフラットな第三者のほうが、安全・安心な場が保たれます。

②に関しては、新任リーダーとの場であれば考慮する必要はありませんが、既任リーダーとの間で実施すると、メンバーが、ここぞとばかりにリーダーへの注文を言う可能性も

「リーダーズインテグレーション」の進め方例（新チームへの着任の場合）

❶ 目的の説明

❷ リーダーからの自己紹介、これまでやってきたことの発表

❸ リーダーが部屋から退室

❹ メンバーのみで以下の項目で意見を出し、付箋に貼る

1. リーダーについて知っていること
2. リーダーについて知らないこと
3. リーダーに知っておいて欲しいこと
4. メンバーがリーダーにできること

❺ メンバーが部屋から退室

❻ リーダーが入室

（貼られた4種類の付箋を見ながら意見への回答を考える）

❼ メンバーが入室

❽ リーダーがメンバーに回答、および質問

❾ 自由討議

①項目ごとに付箋に記入し、貼っている様子

②付箋に書かれた意外なコメントに対話が盛り上がる

③リーダーが部屋に戻り、貼られた付箋についてコメント。メンバーとの対話が深まっていく様子

あるため、「④メンバーのみで以下の項目で意見を出し、付箋に貼る」の際に、「メンバーがリーダーにできること」を問いとして設定しておくことをお勧めします。職場の問題を作っているのはリーダーだけでなく、メンバー自身もシステムの一部として影響を与えているということを自覚する必要があるからです。

❸「プラウド＆ソーリー」で真実の声に耳を傾けよう！

どんなにモチベーションの低い職場であっても、そこで働くメンバーには誇りがあります。職場に根ざす誇り（Proud）と残念に思うこと（Sorry）について腹を割って全員で聴き合い、対話をする手法に「プラウド＆ソーリー」があります。

特にソーリー（残念なこと）を聴くことは、パンドラの箱を開けるようで尻込みされるかもしれませんが、チームの可能性を信じ、全員が真実の声を聴くことで、チームにある種の癒しがもたらされる瞬間を、私はこれまで何度も体験してきました。43ページは、進め方の例です。

人には、誰かに自分の本当の声を聴いてもらいたいという根源的な欲求があります。そしてその声を聴いてもらえたときに、肩の荷が下りるというか、安心できるのです。

実施風景

参考までに、以前、私たちの職場のある部門で実施した、実際のプラウド&ソーリーの実施風景と、そこで聴いた「声たち」を紹介します。ぜひ、「声」の生々しさに触れてみてください。

写真のように、自分のリアルな声の上を誰かが歩く。直接、言葉に出さなくとも、それだけでチーム全員に自分の声を〝聴いてもらった感〟が生まれるのです。

このワークショップでは、声の上を歩いて気づいた感想を一人ひとりに言ってもらった上で、「チームが今、求めている声」と「どのようにすれば、その声に私たちは応えることができるか」について対話しました。結果、チームの状態はよくなり、今では当時の低迷状態を笑って振り返れるほどV字回復しています。

「プラウド＆ソーリー」（誇りに思うこと＆残念に思うこと）の進め方例

❶ **目的と流れの説明**

❷ **職場のプラウド（誇り）とソーリー（残念に思うこと）を無記名記入**

❸ **それぞれの箱に投票**

❹ **メンバー・リーダーが部屋から退室**

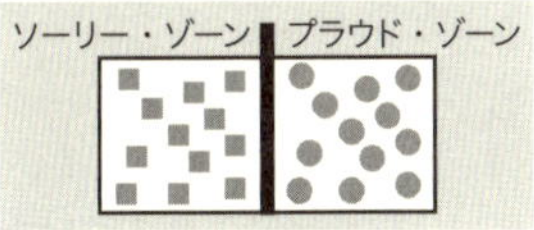

❺ **ファシリテーターが開票し、地面に上記のように配置**

❻ **メンバー・リーダーが入室**

❼ **サイレントウォーク** 出てきたすべての「声」の上を歩く。評価、判断、解釈をせずに、ただ黙って見つめてみる

❽ **全員で、自職場のプラウドとソーリーについて対話する**

写真の彼らが実際に目にしているコメントの抜粋

小噺◆3

童話『モモ』に学ぶ聴くことのちから

傾聴の本質を教えてくれる童話に、ミヒャエル・エンデが書いた『モモ』という物語があります。

ただじっとすわって、注意ぶかく聞いているだけです。その大きな黒い目は、あいてをじっと見つめています。するとあいてには、じぶんのどこにそんなものがひそんでいたかとおどろくような考えが、すうっとうかびあがってくるのです。モモに話を聞いてもらっていると、どうしてよいかわからずに思いまよっていた人は、きゅうにじぶんの意志がはっきりしてきます。

『モモ』ミヒャエル・エンデ著、大島かおり訳（岩波少年文庫）より

彼女は、じっと座って聞いているだけです。でもなぜか、彼女に話を聞いてもらっているだけで、相談した人々は、頭に次々と解決策が思い浮かんでくるのです。ポイ

ントは、彼女は「話を聞いているだけ」のところにあります。よかれと思ってしてしまいがちなアドバイスの類は、一切、していないのです。

よく、メンバーが考えたプランを改善すべく、リーダーがよりよい実行の仕方を助言することがあります。たしかに、メンバーよりも経験豊富なリーダーの介入によって、当初より5%くらいはプランが改善されるかもしれません。しかし、アドバイスによってメンバーの自主性が削がれ、実行の度合いが50%落ちてしまったら本末転倒です。

上司の口出しによってやる気を削がれた経験は、誰にとっても心当たりがあるのではないでしょうか。大枠の方向性が正しく、緊急度もさほど高くない事案なら、極端に言えば、リーダーは黙って微笑みをたたえ、メンバーの話を全身で聴いて、最後にひと言「君のプラン、いいと思う！　うまくいくよう願ってる」とだけ伝えればいいのです。

The real voyage of discovery consists not in
seeking new landscapes, but in having new eyes.

「本当の意味で発見に満ちた旅というのは、
新しい景色を探すことではない。新しい目で見ることなのだ」

Marcel Proust　マルセル・プルースト

フランスの小説家（1871－1922）

2章 目：観る Insight

【概要】

「リーダーは、見るのではなく、観る」。リーダーは、深層に根ざす不変の本質を見抜く眼力を持つことが必要です。そのためには、立場の違いによって生じる視界の差を認識し、偏見（バイアス）を外し、ときに、メンタルモデルの変換も促します。また、根底にある共通の願いで互いがつながれるような場や、全員で同じビジョンを観る対話の場を創ります。そして変化の兆し（シグナル）を見逃さず、先手を打つことも怠りません。本章では、これからのリーダーの真骨頂とも言える「観る」ための技術について述べていきます。

リーダーの役割は視界一致のための結節点

❶ あなたとメンバーは異なるフロアに住んでいる

なぜ、上司と部下はすれ違うのでしょうか？　伝えたことが伝わらないのでしょうか？　それは立場や状況によって、あなたとメンバーでは見えている景色が異なるからです。左の絵をご覧ください。新人、リーダー、社長とわかりやすく3つの階層を、ビルの高さに合わせて配置した絵になっています。

新人はビルの一番下の階に住んでおり、物理的には入口付近にある緑や木が見え、会社の前を行き交う人々や車やバイクなどの音も聞こえます。リーダーのあなたは、新人よりは上の階に住んでおり、地面に生えている木々は見えませんが、一方で自分のいるビルのまわりに別のビルが建っていることが把握できます。また、上層階から眼下を見降ろせば、

新人・リーダー・社長 それぞれに見えている景色

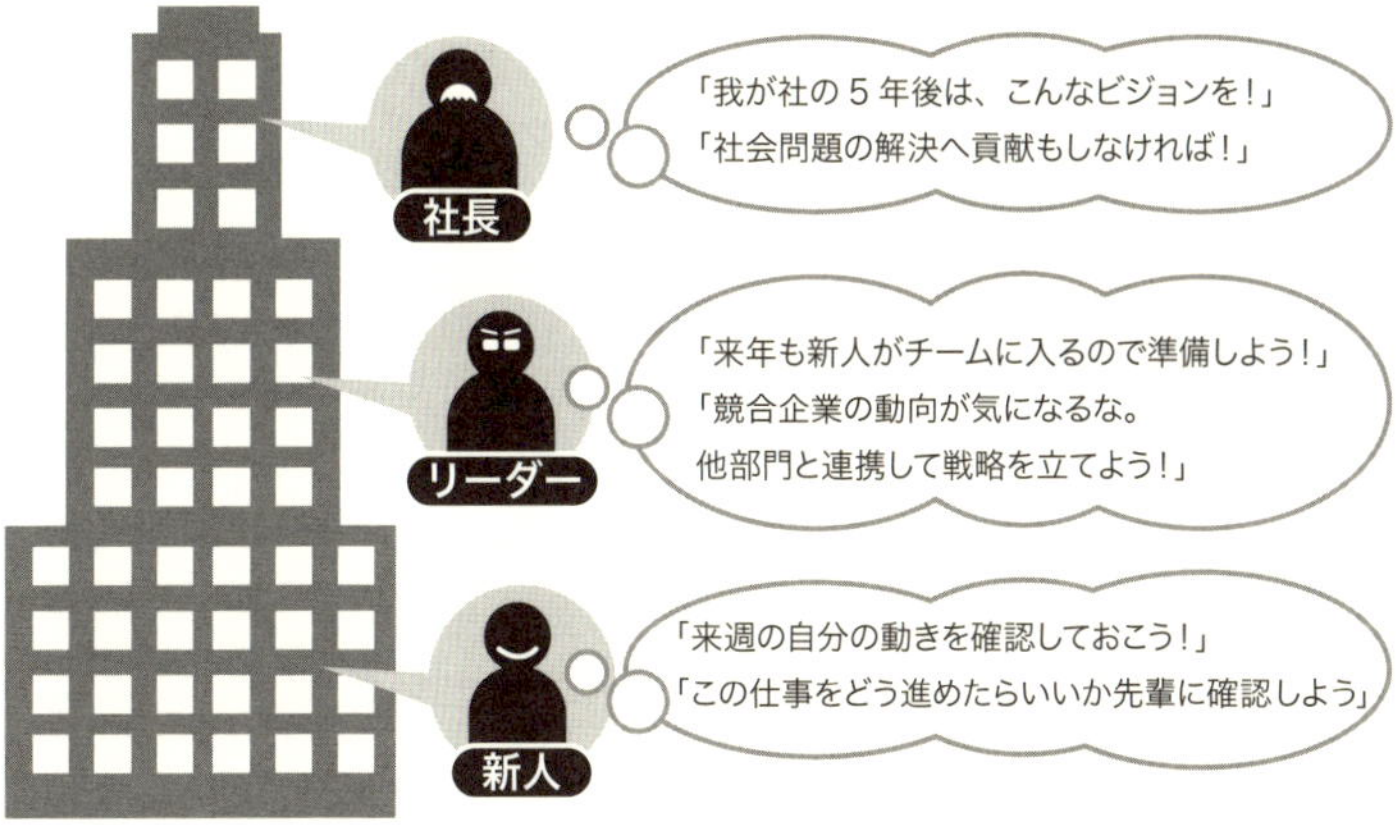

交通量や人々の流れが多いか少ないか、すぐにわかります。最後に社長は高層階の住人であり、ここまで昇ると、自分のビルが他のビルと比べて一番高いことを認識したり、雲の流れから数時間後の天候まで予測できるかもしれません。

このように、人は同じものを見ているようでも、見えている視界や視座に違いがあるということを大前提として理解することが必要です。違いがあると、上図のように出てくる台詞も異なってきます。

ゆえに、相手とコミュニケーションを図る際には、自分や相手が今、どの視界、どの視座に立っているのかを踏まえた上で働きかけることが肝要です。

❷「間」をマネジメントする真の中間管理職へ

多くの組織は、質的・量的な成長とともに、効率と能率を担保するために、機能分化としてのヨコの分化（営業部、制作部など）と、階層分化としてのタテの分化（主任、課長、部長など）が進みます。そこで生まれるのが、先ほどの「ビルのたとえ」で示した、「時間観」と「空間観」の差です。

時間観は、階層が上がるほど長くなり、下がるほど短くなります。前ページ図の中の社長、リーダー、新人の吹き出しに書かれているように、経営トップは今日、明日のことを考えるよりも、5年、10年先の将来を見越した計画を策定しています。一方、現場のメンバーは今月の予算達成や、今日やるべきアクションを追いかけています。

そして空間観で言えば、経営トップは全社、全部門、全業務を俯瞰的に考え、現場のメンバーは自分の業務、自部門のことを中心に考えます。

これは、どちらの視界がよい、悪いという話ではなく、視界の差が物理的に存在しているという事実を、リーダーは認識する必要があるということです。

その上でリーダーに求められることは、見えている景色を一致させるための結節点の役

階層ごとに「時間観」と「空間観」は異なる

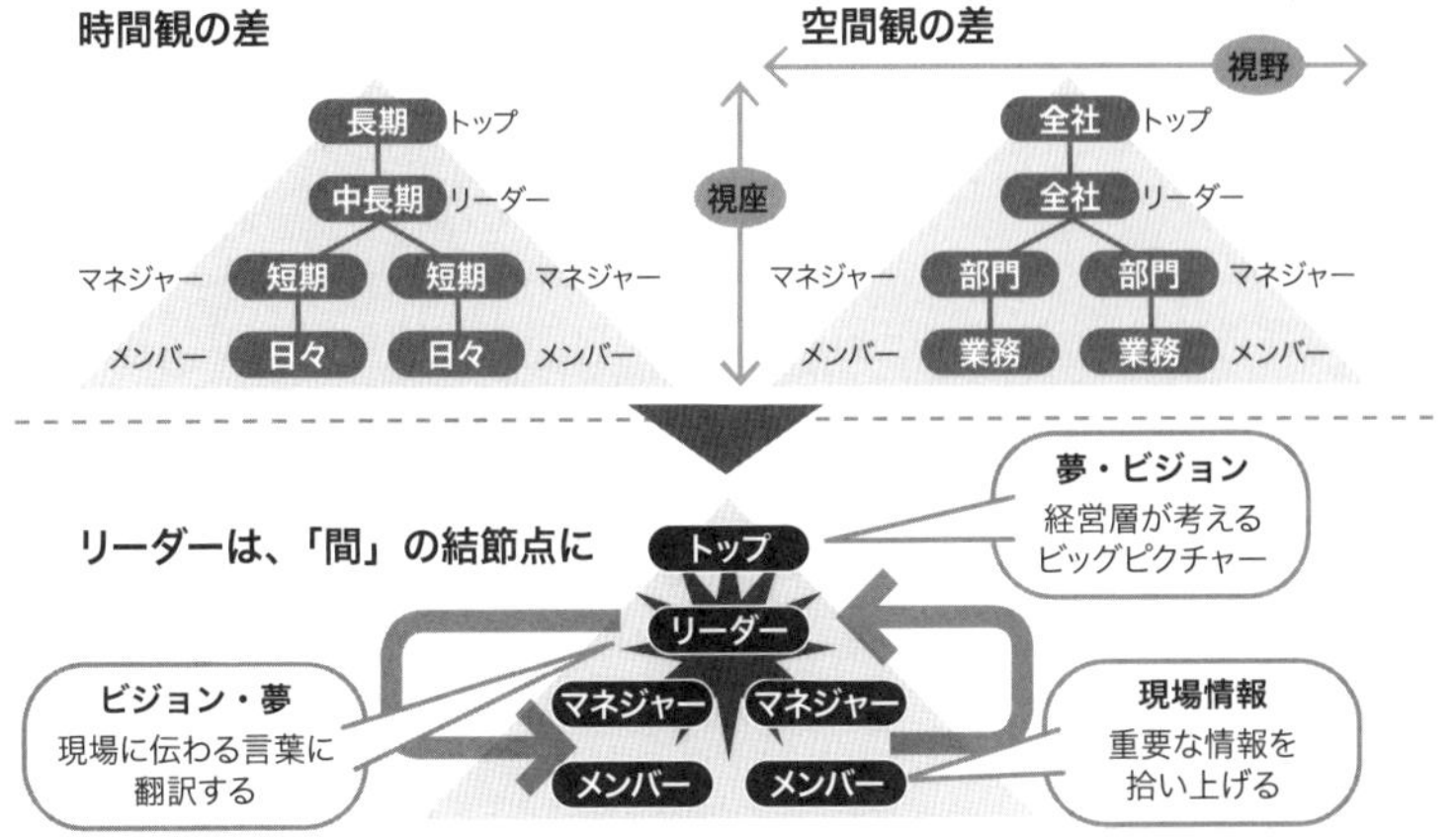

割を担うことです。現場には、トップのビジョンをメンバーに伝わる言語に翻訳して情報提供する。トップには、現場で起こっている課題や状況をしっかりとフィードバックする。リーダーから働きかけ、間をつなぎ、変えてゆく、ミドルアップダウン型のアプローチが必要なのです。この動きなくしては、経営と現場の、階層による視界の分断や溝は永遠になくなりません。

「中間管理職」という言葉がありますが、単に上の情報を下に流すだけでは、リーダーの存在価値が問われます。

「問題は、人にではなく、間にある」という言葉がありますが、「真の中間管理職」として、上・下の間の関係性をマネジメントすることが、これからのリーダーには求められるのです。

❸グループとチームを分かつ組織成立の3要素

経営学者チェスター・バーナードの定義によれば、組織成立の3要件は、共通の目的を持っていること（＝目的）、お互いに協力する意思を持っていること（＝協働意思）、円滑なコミュニケーションが取れること（＝コミュニケーション）の3つとされています。

その中でも前提条件として必須なのが、共通の目的です。

そもそもチームとグループの違いは何でしょうか？　サッカーチームとは言いますが、サッカーグループとは、あまり言いません。反対にアイドルグループとは言いますが、アイドルチームとは言いません。

チームとグループ（＝集団）を分かつ大きなポイントは、誰もがめざしたい共通の目的があるかないか、です。そしてリーダーは、〝ここではないどこか〟にメンバーを導くために、その導く先＝「共通の目的」を掲げて見せること、なおかつ、その目的が魅力的で、メンバーに「自分たちもぜひ、そこに行ってみたい」と思わせるような働きかけが必要です。複数の個人からなる組織でベクトルを合わせるために、リーダーは「自分たちは何者

組織成立の３要素

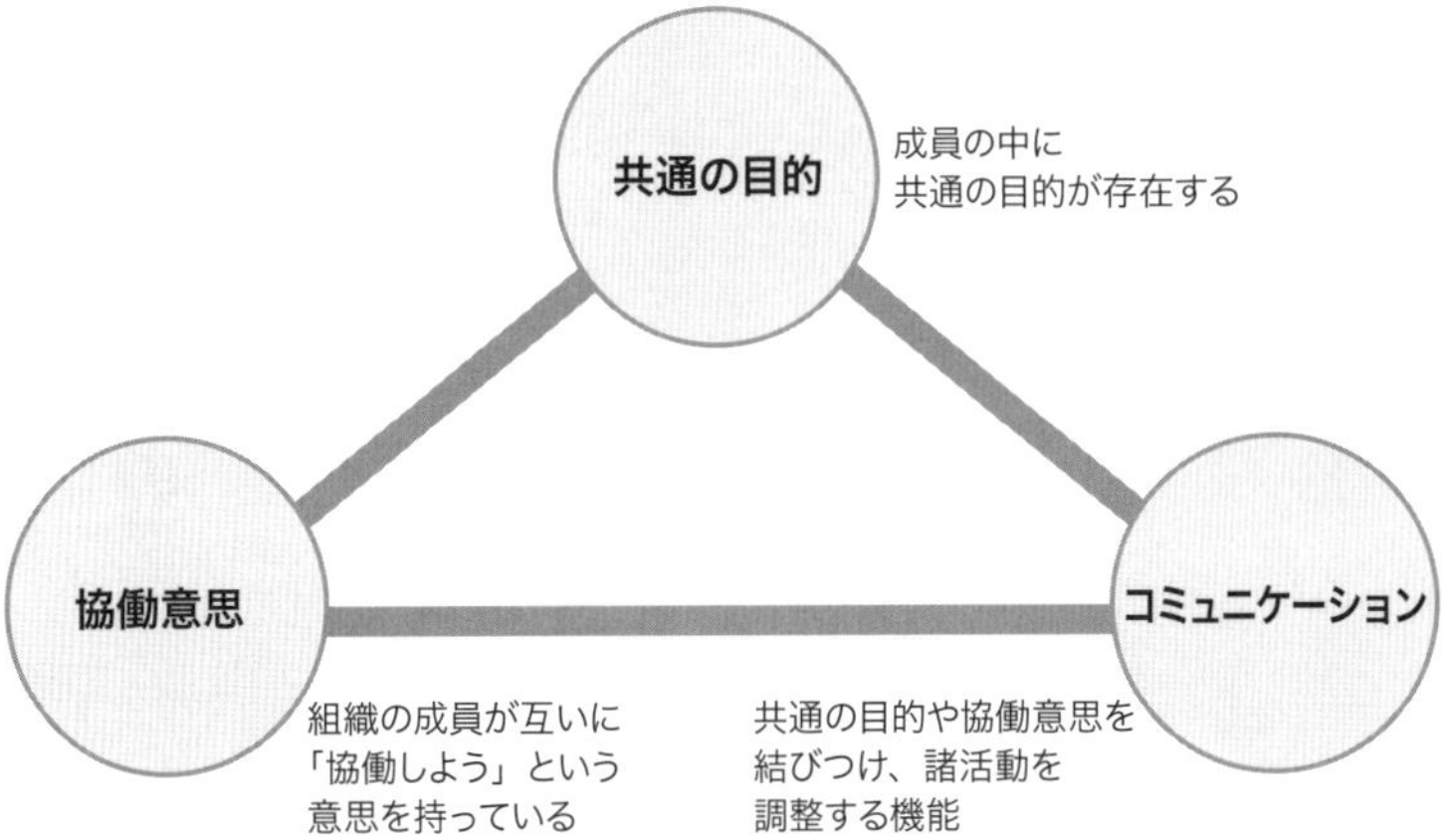
共通の目的
成員の中に
共通の目的が存在する
協働意思
組織の成員が互いに
「協働しよう」という
意思を持っている
コミュニケーション
共通の目的や協働意思を
結びつけ、諸活動を
調整する機能

なのか」、そして「何を成し遂げるために、どこに向かっているのか」をメンバーに見せ続ける必要があります。その際に必要なのが、リーダーが一方的にビジョンを提示するだけでなく、メンバー一人ひとりがビジョンの意味するところを理解し、その実現が会社ゴトではなく、自分ゴトに変換され、自身の行動や判断に変容がもたらされるような開かれたビジョンが築かれることが好ましいです。そのためには、ビジョンが実現されたときに、メンバー自身にどんな変化が起こっているのか、どんなワクワクするものを手にしているのかをイメージしてもらい、そのためにこれから何をすべきかといったことを根気よく、互いが見えている風景が一致するまで、対話し続けることが有効です。

小噺◆4

名工、左甚五郎の逸話から紐解く本質の見抜き方

本章では、みることを「見る」ではなく、「観る」としています。リーダーは表層を「見る」のではなく、本質を「観る」ことが必要と企図しているからです。日光東照宮の有名な〝眠り猫〟を彫ったと伝えられる左甚五郎に、こんな逸話があります。本質を見抜くことの大切さを知ることができるので、紹介します。

左甚五郎が仙台は伊達の城下にやってきたとき、「稀代の名工左甚五郎がお城で重用されている」という噂を耳にする。そこで彼は、「自分こそ、本物の甚五郎である」と申し出て、殿様の聞くところとなり、偽の甚五郎とともによび出され、「七日のうちに鯉を彫って、身の証を立てよ」と命じられる。偽の甚五郎は「競作も座興」と早速仕事に取り掛かったが、一方本物の甚五郎は何もせず毎日座りこんでは濠に泳ぐ鯉を眺め続ける。やがて七日が過ぎ、二人が登城して、殿様はじめ家臣の注視する中で、まず偽の甚五郎が包みを開けた。鱗一枚一枚が丹念に掘り込まれ色づけされ、目はき

らきら輝く鯉を見て、皆はさすが甚五郎、と感嘆した。さあ今度は本物の甚五郎の番である。風呂敷を開けると出て来たのは、鯰とも草魚ともつかぬ黒茶けた代物で、勝負は誰の目にも明らかと映った。苦りきった面々が、「不届きな奴」と引きずりだそうとしたとき「あいや、待たれい」と甚五郎。「鯉は水の中にいてこそ、鯉なるべし。この二尾を盥《たらい》の水に泳がせ願いたく候」これには殿様も一理ありとうなずき、水を張った盥を持ってこさせた。ここで一同は「あっ」と叫んだ。偽の甚五郎の色鮮やかな鯉は無残にもひっくり返って白い腹を見せたのに、本物の甚五郎の鯉は頭と肩を少し水面に出し、眼は水に濡れて活き活きと輝いているではないか。

『こころで視る・知る・理解する認知心理学入門』小谷津孝明著（左右社）より

本質を見抜くには、見学の見だけでなく、観察の観を持って観ることの大事さを説いています。偽者が鯉の鱗など表層を「見」ていたのに対し、本物は濠で泳ぐ鯉をひたすら「観」ていたのです。

リーダーも本質を見抜く「観」を持ちましょう。

個人や組織の持つバイアス（偏見）を外す

❶個人が陥るバイアス（4つの歪んだ視点と評価のエラー）

人は、置かれた環境や慣習から、無自覚に陥りやすいバイアス（歪んだ視点）を持ちがちです。対象を正しく観るために、4つの歪んだ視点を紹介します。

左ページの4つの視点を自覚するだけでも、リーダー自身が偏った見方に陥っていないかどうかを把握する上で有効です。

その他、特にリーダーは、人事評価の際にバイアスが働くことがあるので、そうならないための観点もお伝えします（58ページ「評価における6つのエラー」）。

リーダーは、評価者としてメンバーを評価する立場にいますが、どんなリーダーもつま

陥りやすい４つのバイアス（歪んだ視点）

❶「すべてか無か」

概　要：すべてのことを何でも白黒はっきりつけたがる視点
症　状：世の中にあるものをすべて、バッサリ 2 つに分けようとする。損か得か。敵か味方か。好きか嫌いか。いいか悪いか。自分にも他人にも融通が利かない
処方箋：数値化してみる。あらゆることを 0 か 100 かで分けるのではなく、今の状況を目に見える形で数値化してみる。周囲と比較して、気落ちするのではなく、過去の自分と比べてその成長度合いを自信に変える

❷「過度な一般化」

概　要：一部の起こった事象を見て、すべて同じ傾向にあると思い込む視点
症　状：何でも過敏に反応し、一部の出来事からすべてが同じ傾向にあると思い込もうとする。置かれている状況を実際よりも悪く見積もる
処方箋：「いつだってそうだ」「誰もがそうだ」「絶対そうなる」という口癖があることに気づく。物事には例外があることを認識し、事実はどうか、データやエビデンスで表わすと、本当にすべてがそう言えるか確認してみる

❸「べき・ねばならない」

概　要：何に対しても「〜すべき」「〜しなければならない」「〜して当たり前」といった凝り固まった決めつけをしてしまう視点
症　状：自分や他人の考えや行動に対して、「べき」や「ねばならない」で押しつけてしまう。また自分の「べき」が満たされないことの慢性的な怒りや不満がある
処方箋：本当にそうすべきか？　国や文化が変わったら、この「べき」（＝自分の常識）は変わるかもしれない。「べき」が果たされなかった場合には何を失うか？と問いかけてみる

❹「レッテル貼り」

概　要：自身や他者の特徴やネガティブなイメージを決めつけて、レッテルを貼ってしまう視点
症　状：自分で自分に負のレッテルを貼ってしまい、自分の成長の枠を決めてしまう。後悔や不安、自己嫌悪といった症状に見舞われる
処方箋：自分が貼っているレッテルの名前を確認してみる。行なった結果としての行動と自分自身を切り離して考え、レッテルを外すようにする

評価における６つのエラー

❶ 好き・嫌いや人間性で評価しない　**ハロー（後光）効果**

相手の印象などに対して評価をしてしまいがち。客観的事実に対して評価する

❷ 直近の出来事にまどわされない　**期末評価**

評価期間の期末の出来事が印象に残りがち。評価期間全体から評価する

❸ これがよければあれもよいはず、を避ける　**論理的誤認**

知識が豊富なら判断力もあるというように勝手に連動させず、項目ごとに評価する

❹ 自分を基準にしない　**自己尺度評価**

評価者の自己基準ではなく、各ステージの評価項目を基準に評価する

❺「評価に差がつかない」を避ける　**中心化傾向**

遠慮は互いの成長につながらない。情報収集に基づき、自信を持って評価する

❻ 自分自身のクセを知る　**寛大化／厳格化**

評価の甘辛等、自分の評価のクセを知った上で、客観的に評価する

るところ、人です。人が人を絶対的に正しく評価することはできませんが、少しでも精度を高める努力をすることは可能です。

具体的には、自分が評価をする際に陥りやすいエラーを認識し、自身の思考のクセを把握します。その上で事実に基づいて客観的な評価をすることが、評価者として必要です。

いかがでしょうか。まずは、自分が陥りがちなエラーの傾向を踏まえ、その上

で、最終評価を下す前に、評価者同士で目線合わせをしましょう。他者との相対化の中で、より自分の傾向が見えてくるはずです。

よくあるのが、5番目の「中心化傾向」で、これはメンバーを傷つけたくないという思いからくるものですが、評価とはメンバーを育成するために投げかける、リーダーからのメッセージなので、ぜひ、よいところも改善すべきところもしっかりと伝えてください。評価することから逃げないことで、リーダー自身も成長するのです。

❷ 組織が陥るバイアス（集団浅慮、グループシンク8つの兆候）

個人だけではなく、集団・チームが陥りやすい、歪んだ視点＝バイアスも存在します。アメリカの心理学者、アーヴィング・ジャニスによって示された集団浅慮《しゅうだんせんりょ》は「グループシンク」とも呼ばれているものですが、これは人間が集団で意思決定するとき、ひとりで決断する場合よりも、失敗する危険性が高まるというものです。

ジャニスによれば、グループシンクには8つの兆候があるとされています。次の兆候がチームに現われたら要注意です。

兆候1 自分たちに無敵感が生まれ、楽観的になる
兆候2 自分たちは正しく、道徳的であるという信念が広がる
兆候3 周囲からの助言を無視し、決定を合理的なものと思い込む
兆候4 競合や外部を軽視し、弱点の過大評価、能力の過小評価をする
兆候5 集団の決定に異論を唱えるメンバーに圧力がかかる
兆候6 集団の意見から外れないように、疑問を唱えることを抑制する
兆候7 過半数の意見であっても、全員一致であると思い込む
兆候8 自分たちに都合の悪い情報に目をつぶる

❸グループシンクを回避する「悪魔の代弁者」

8つの兆候が集団の中に見えはじめたら、グループシンクに陥らないために、悪魔の代弁者（Devil's Advocate）と呼ばれる、反駁を展開する手法がお勧めです。

これは、中世のローマカトリック教会で誰かを聖人に認定するかどうか意思決定するときに、正しい判断をする工夫として反対者の意見を聞くプロセスが入っていたことから名づけられたもので、悪魔の代弁をする者は、反対の立場から候補者の粗探しをする義務が

グループシンクに陥らないための「健全な批判」リスト

- □ それは、何らかの事実や確かな裏づけ、見解に基づくものか？
- □ 私たちが間違っている可能性はないだろうか？
- □ 起こりうる最悪の事態は何だろう？
- □ こうあるべきだと決めつけているのは誰だろう？
- □ この状況について別の見方ができないだろうか？
- □ 私たちは単に結論を急いでいるだけなのではないか？

ありました。

職場で実践するのであれば、チームの中に意見に反対する役割を担うメンバーをひとりは必ず置いたり、何か重要な意思決定をする前に、メンバー全員にひとり1回は状況を疑ってもらうなど、批判的な目を持ってもらうだけでも結果は変わってきます。

上のリストは、グループシンクに陥らないための健全な批判として効果的な問いかけです。状況に応じて使ってみてください。

小噺◆5

ピンク大好きパーシー王（リフレーミングの力）

物事を見る枠組み（フレーム）を変える「リフレーミング」の有効性を説く物語があります。世界を変えるには、世界そのものを変えるのではなく、自分の見ている枠組みを変えることのほうが有効であることを示す面白い話なので紹介します。

ピンク色を熱狂的に好むパーシー王は、自分の服だけでなくすべての持ち物がピンク色で、毎日食べる料理までもがピンク一色だった。しかし、王はこれで満足できなかった。なぜなら、城の外にはピンクではない物がごまんと存在しているからだ。悩んだ末にパーシー王は、百姓たちのすべての持ち物をピンク色に変える法律を制定した。王の一方的な指示に反発した人々も多かったが、どうすることもできず、その日以降、百姓たちも服や食器、家具などのすべてをピンク色に変えたのだった。しかし王はそれでも満足しなかった。次に、国のすべての木々や草花、動物までもピンク色に染めるようにと命令した。大規模に軍隊が動員され、山や野原を駆け回り、すべての物をピンク色に染めるという珍妙な風景が広がることとなった。しかし、たった一つ、ピンク色にすることができない場所があった。それは、空だった。

空をピンク色に変えるのは不可能だ。そこで王は、自分のお目付け役の先生に妙案を考え出すように頼んだ。昼夜を徹して考えた先生は、ついに空をピンク色に変えるアイデアを思いついて膝を打った。

王の前に進み出た先生は、空をピンク色に変えておいたので、用意したメガネをかけて空を見るようにと言った。王はメガネをかけ空を見上げると、どうしたことだろう雲も空も、すべてピンク色に変わっているではないか。先生が魔術でも使って空をピンク色に変えたのであろうか。もちろん違う。先生は、メガネにピンク色のレンズをはめただけだ。空をピンク色に変えるのは不可能だが、空をピンク色に見えるようにする方法を思いついたのだ。王はたいそう喜び、その日以降、毎日ピンク色のメガネをかけて世界を眺めながら幸せに毎日を送った。百姓はピンク色の服を着なくてもよいことになり、動物もピンク色にそめられることはなくなった。

『フレーム』チェ・インチョル著（阪急コミュニケーションズ）より筆者一部編集

根底に潜む本質を見抜き、成果につなげる

❶「氷山モデル」で隠れた前提を見抜く

私たちが日ごろ目にするあらゆる事象は、前ぶれもなく、突然、降って湧いてくるものではありません。何らかの原因や前提があって、生じています。それを表わすのが「氷山モデル」です。氷山をイメージすると、海面に現われているのはごく一部であり、その大部分は海中にあって姿が見えません。

私たちは、目に見える出来事だけを捉えて、問題があればすぐに反応しがちです。しかし、目先の出来事に反射的に対処しても、根本が変わらなければ、結局、同じことを繰り返すだけです。抜本的な変革につなげるには、まず一歩立ち止まり、状況を観察することが必要なのです。

氷山モデル

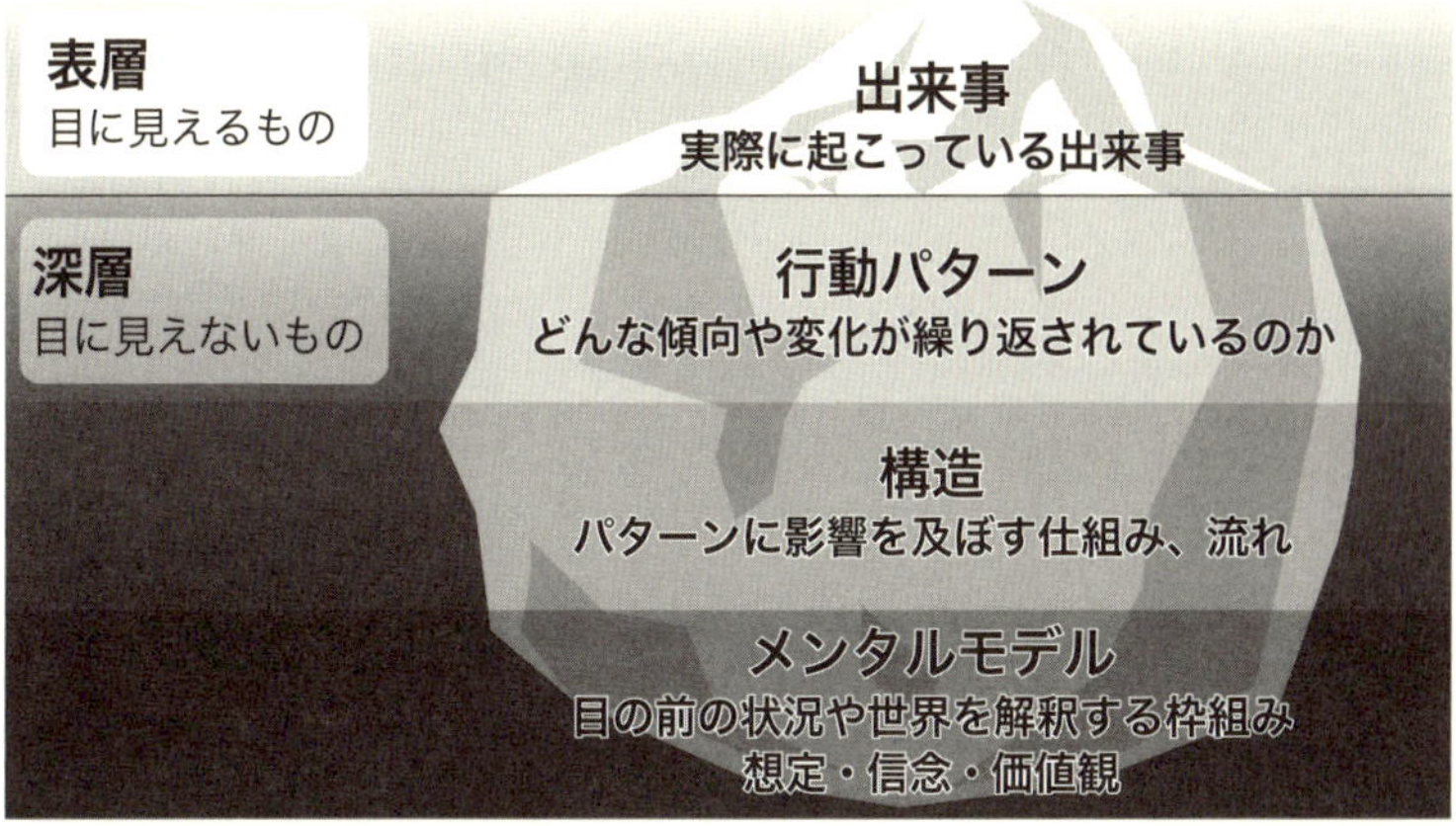

起こっている問題をひもとくには、表層部分の目に見える「出来事」だけではなく、通常は見えない深層部分にアプローチすることが有効です。

まず、どんな変化が起こっているのか、「行動パターン」に着目しましょう。起こっている出来事は、何かしらの変化の結果や繰り返される行動がパターンとして強化されることで、表出することが多いからです。

そのパターンに影響を与えるのが「構造」です。構造は、モノやコトの流れ、しくみ、ルールなどを指します。そして構造を生み出す根底には、「メンタルモデル」と呼ばれる、自分が世界を解釈するための思考の枠組みが存在します。

成果を阻害してしまうメンタルモデルを持

っている際には、枠組みそのものを変える修正が必要になります。
このように氷山モデルは、目の前にある出来事を反射的に捉えるのではなく、その根底にあるパターンや構造、前提となっている思考の枠組みをシステムとして総合的に把握して、解決に向けて最も変化を起こしやすい「ツボ」にアプローチしようとするものです。

話が難しくなってきたので、具体例を紹介しましょう。

①出来事　仕事の際に「報連相」をせず、いつも失敗してばかりのメンバーがいる。
②行動パターン　その出来事が繰り返し起こることに、どんなパターンがあるのかを確認すると、上司や先輩に指摘、確認されるまで、自分から仕事の進捗報告や相談をしないということがメンバーのパターンとしてみえてくる。
③構造　なぜ、そのパターンに陥ってしまうのかを探ると、彼は自分の知識や経験よりも難易度の高い仕事を先輩から丸投げされており、かつ仕事として受けられる能力やキャパシティを超えた状態だったという、職場のねじれた構造が見えてくる。
④メンタルモデル　彼の思考の枠組みを観ると、「任された仕事は、最後までやりきるべきだ」と、凝り固まった「べき」にとらわれ、視野狭窄に陥っているかもしれない。
ゆえに、出来事の根本的な解決をめざすには、「任された仕事はひとりでやりきるべき

だ」ではなく、「目的は、お客様に期日までに品質の高いサービスを提供すること。そのためには、ひとりで閉じるのではなく、先輩・上司も巻き込んで仕事を遂行するほうが好ましい」と、メンタルモデルの見直しにつながるような、深いレベルへの働きかけを行なうことが有効です。

あらためてまとめると、メンタルモデルとは、自分が現実の世界を解釈し、判断、行動する上での思考の枠組みのことを言います。この枠組みは、よくも悪くも私たちの過去の体験や学習をもとに形作られていて、それによって目の前の課題をその都度、ゼロから考えることなく、素早く、自動的に処理することができるようになります。

一方で、誤ったメンタルモデルに支配されると、自分の可能性に制限をかけてしまうこともあります。そのときこそ、そのモデルを持ち続けることが必要なのか、内省する必要があります。

その際に役立つのが、「推論のはしご」と呼ばれる、目の前の事実や経験が、メンタルモデルによってどのように評価や解釈をされ、想定や確信につながり、行動が呼び起こされていくのかという一連の流れを捉える方法です。

次ページ図のはしごのように、段階を追って自分の思考や推論を目に見えるようにすることで、推論が邪推になっていないか、検証が可能です。また、成果につながりにくいメ

推論のはしご

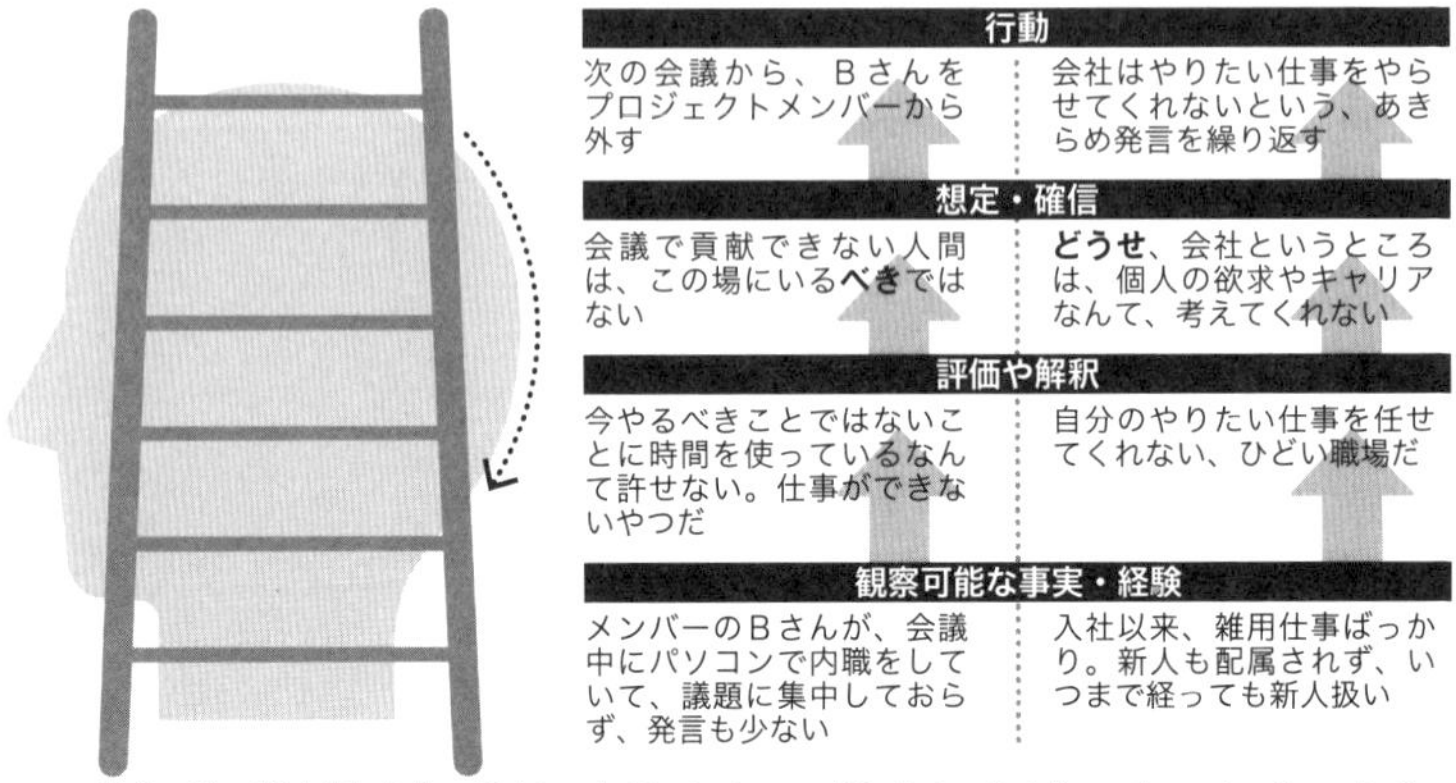

行動
次の会議から、Bさんをプロジェクトメンバーから外す
会社はやりたい仕事をやらせてくれないという、あきらめ発言を繰り返す
想定・確信
会議で貢献できない人間は、この場にいるべきではない
どうせ、会社というところは、個人の欲求やキャリアなんて、考えてくれない
評価や解釈
今やるべきことではないことに時間を使っているなんて許せない。仕事ができないやつだ
自分のやりたい仕事を任せてくれない、ひどい職場だ
観察可能な事実・経験
メンバーのBさんが、会議中にパソコンで内職をしていて、議題に集中しておらず、発言も少ない
入社以来、雑用仕事ばっかり。新人も配属されず、いつまで経っても新人扱い

出典：The Fifth Discipline Fieldbook: Strategies and Tools for Building a Learning Organization Peter M. Senge　を筆者一部修正

ンタルモデルを持つ人は、自分勝手に凝り固まった決めつけをしてしまう「べき思考」だったり、可能性を否定するあきらめの「どうせ思考」に陥っていることがあるので、自分が「～すべきだ」とか、「どうせ～だから」と考えてばかりで成果が上がらない際には、見直しを図るようにしてみましょう。

上図は、アメリカの経営学者ピーター・センゲの提唱する「推論のはしご」を簡素化し、4段階で示したものです。誰がみてもわかる「観察可能な事実・経験」が「評価や解釈」をされて、「想定・確信」へとつながり、最終的に「行動」という意思決定につながるさまを表わしています。

❷メンタルモデルを見直す「5P」の観点

成果が出ないパターンが繰り返される際には、メンタルモデルの見直しをすることをお勧めします。リーダー自身が、立ち止まって自身を見直してみることは、とても有効です。また、成果の出ないメンバーを導く際にも、この枠組みを見直すよう働きかけることは有効です。そこで枠組みの視点を転換する5つの頭文字からなる5Pの観点を紹介します。

Purpose（目的） そもそも何のために行動しているのか？　目的に立ち返ることで見直す。

Position（立場） 上司だったらどう考える？　お客さんだったら？　株主だったら？　と自分と異なる視点（立場）から枠組みを見直す。

Period（期間） 将来までの先の長い期間なのか、すぐに着手すべき今なのか、時間軸を切り替える。長い目で見ると？　今、判断すると？　過去、現在、未来で見直す。

Positive（ポジティブ） 課題のポジティブな側面に光を当てる。得られるよい点やチャンスにも注目することで見直す。

Pain（痛み） 課題がもたらす痛みや恐れ、ネガティブな側面に光を当てる。失う点やリスクにも注目することで見直す。

上記5Pを使ってメンタルモデルを転換してみると、左の事例のようになります。

たとえば、部下に作成を依頼した資料のデータに不備があることを注意したとします。目に見える表層の振る舞いだけを捉えて叱責すると、注意された瞬間は、メンバーは謝るかもしれませんが、根底のメンタルモデルが変わっていなかったら、同じことを繰り返す可能性が極めて高いと言えます。

そこで彼の行動パターンの背景に着目します。すると、「データについては、自分が作成していないのだから、自分が責任を問われるべきではない」という前提が隠れているかもしれません。

そこで、5Pのうち、立場を変える「Position」、目的に立ち返る「Purpose」、ポジテ

5Pを使って部下のメンタルモデルを転換する 1

? 新人の提出してきた資料のデータに間違いを発見。注意をしたところ、「このデータを作成したのは自分じゃないので、私に怒られても困ります」との発言。

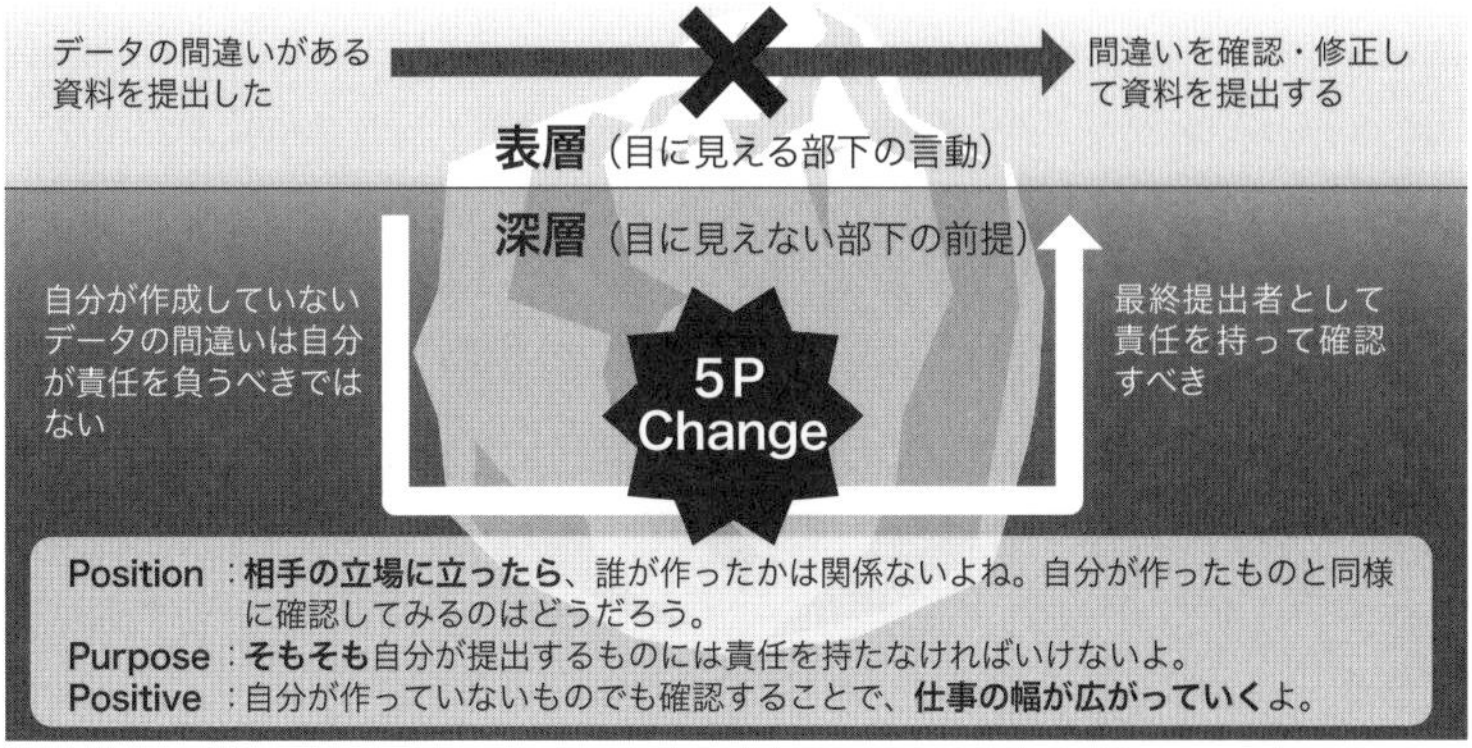
データの間違いがある資料を提出した
間違いを確認・修正して資料を提出する
表層（目に見える部下の言動）
深層（目に見えない部下の前提）
自分が作成していないデータの間違いは自分が責任を負うべきではない
最終提出者として責任を持って確認すべき
5P Change
Position ：相手の立場に立ったら、誰が作ったかは関係ないよね。自分が作ったものと同様に確認してみるのはどうだろう。
Purpose ：そもそも自分が提出するものには責任を持たなければいけないよ。
Positive ：自分が作っていないものでも確認することで、仕事の幅が広がっていくよ。

ィブな点に目を向ける「Positive」などの観点から、「最終責任者として、責任を持って資料内容の確認をしよう」と自分のメンタルモデルが転換されることになれば、今後、資料を提出する際には、「責任を持って確認してから提出しよう」という行動につながるでしょう。

ポイントは、表層的な「出来事」を反射的に正そうとするのではなく、（上図の×の箇所に注目）言動の土台となっている「深層の前提」＝メンタルモデルを転換することです。この「深層の前提」を転換することで、継続的な変化が期待できるようになります。

次は、依頼された仕事をひとりで抱え込み、結局間に合わないというありがちなパターン

5Pを使って部下のメンタルモデルを転換する 2

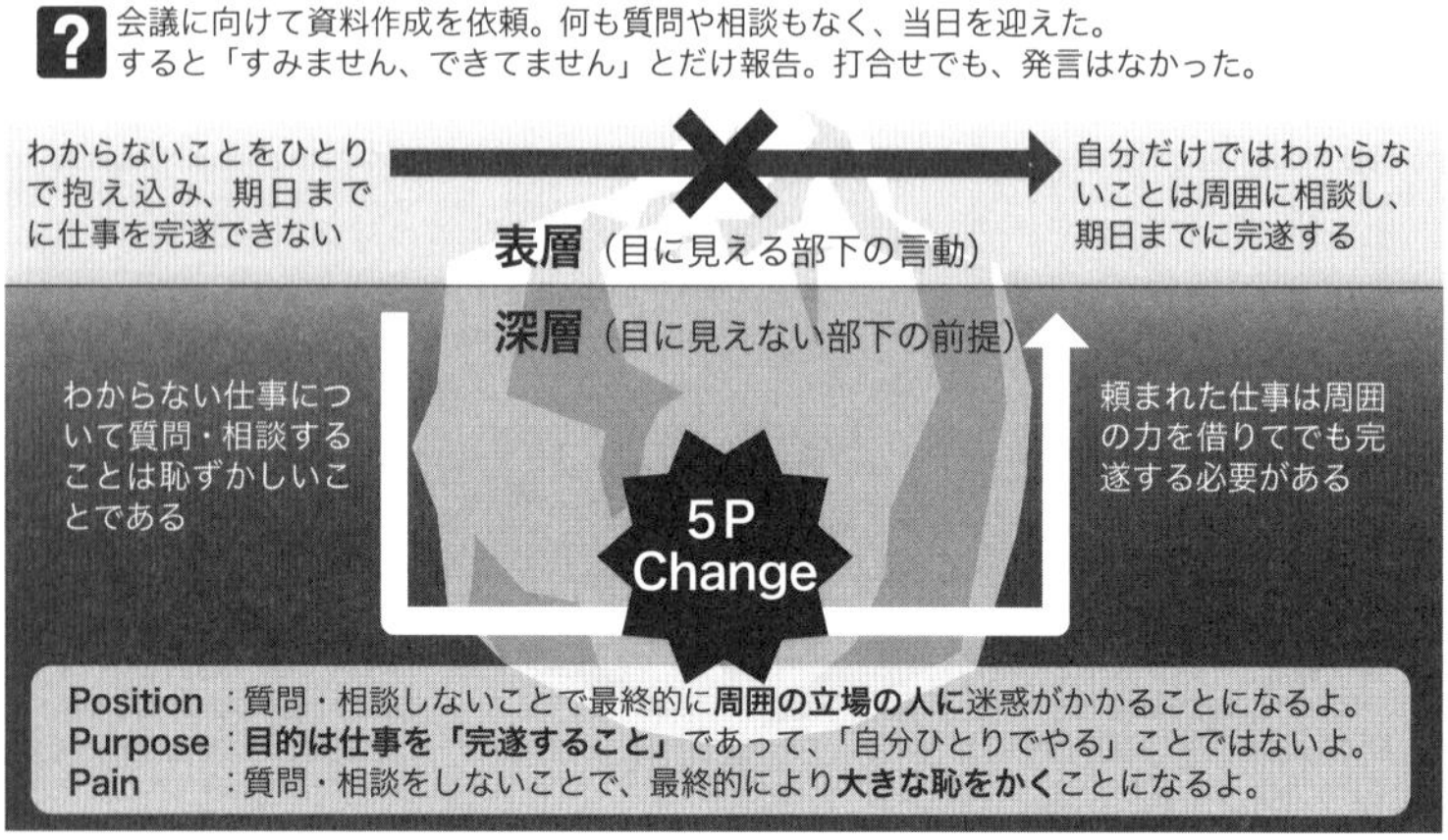

（上図）。かくいう私自身も、新人時代はこのパターンによく陥っていました。

そんな際には、立場「Position」、目的に立ち返る「Purpose」、痛みに目を向ける「Pain」などを使い、「恥なんて気にせずに、頼まれた仕事は周囲の力を借りてでもやりきることが大事」とメンタルモデルを転換できれば、結果が変わります。

いかがでしょうか？　こうした例はいくらでもありますが、大事なことは、何度も「5P Change」を試し、リーダーとしての「運動神経」を高めていくことにあります。

❸ エッセンスとつながり、対立のないところから力を呼び起こす

根底を見抜く必要があるのは、メンタルモデルだけではありません。組織の中でも、普段は目に見えない（見えにくい）ものに、リーダーが光を照射することで、隠れていた願いや夢が明らかになり、行動する上で力に変わることがあります。

プロセスワーク（プロセス指向心理学）の創始者アーノルド・ミンデルによる、3つの現実レベルを紹介します。

一番よく見えるところが「合意的現実」、英語で「コンセンサス・リアリティ」と呼ばれているレベルで、企業組織で言えば、目に見える客観的な事実や具体的で観察可能なレベルのことを指します。出来事、事実、数値目標や予算、計画などが該当します。チームを運営したり、企業を経営する上で、欠かせない要素の詰まったレベルではあるものの、ここに偏りすぎると無味乾燥で面白みにかけたり、事務的な手続きに終始し、メンバーの意欲が高まりません。「数字！　数字！」としか言わない営業組織が疲弊してし

まうのは、想像に難くありません。

二番目は、「ドリームランド」と呼ばれるレベルです。ドリームという言葉が示すように、すべての行動や結果には、元をたどれば何らかの「夢」や「願い」があります。そこには、さまざまな感情や希望、期待、失望、不安、恐れ、そして関係性の中で担われている役割などが含まれます。このレベルの要素をメンバーと一緒に分かち合うことで、お互いへの理解が深まったり、目に見えている目標数値が乾いたものではなく、意味あるものとして捉えることができ、行動する上でのエネルギーが高まっていきます。企業で言えば、言葉や形にできる価値観や大事にしていること。ビジョンやミッション、ロゴマークなども該当します。

一番下にある三番目のレベルが、「エッセンス・レベル」というビジョンやひらめきが起こる場所と言われており、いわゆる一目惚れやビビッとくる感じ、何者かに突き動かされるような衝動など、言葉で表わしにくい根源的なエネルギーを指します。具体的には、企業のＤＮＡや雰囲気、イメージなどに詰まった根っこの想いの部分、泉が湧き出る源泉です。このレベルには個々の対立が存在しないとされ、共有されることで、力がこんこんプロセス指向心理学の「３つの現実レベル」

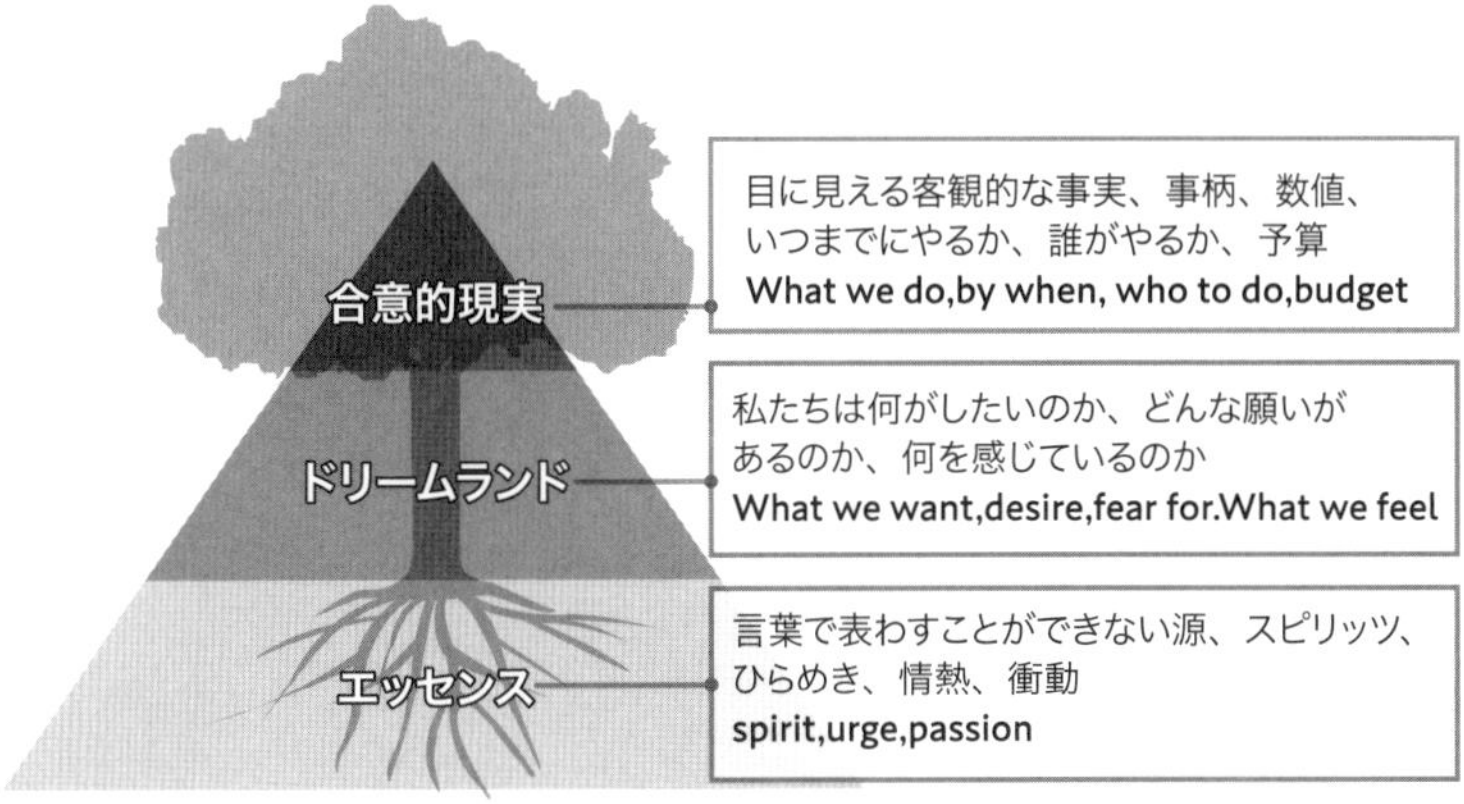

参考：プロセス指向心理学　アーノルド・ミンデル

と湧き起こってきます。

リーダーは、表層的な合意的現実レベルにとどまらず、ドリームランドやエッセンスも観ると同時に、それらが安全・安心な場で立ち上がるような支援をすることが必要です。

この数字を達成するのは、「自分たちは、こんな価値を世の中に広めたいからだ」という意図や夢がメンバーにビビッと腹落ちすると、一番上の合意的現実レベルの数字に対する捉え方、思考が変わり、行動と成果もよい方向へと変化していきます。

小噺◆6

ハインリッヒの法則―1：29：300の法則

ハインリッヒの法則をご存じでしょうか？　1件の重大な事故が起きるまでには、かすり傷程度の事故が29件あり、さらに奥には、事故には至らなかったもののヒヤリとしたニアミスが300件存在しているという法則です。

目に見える表層の事柄だけではなく、深層で起こっていることの重大さに意識を向ける上で参考になるので紹介します。

この法則は、アメリカの損害保険会社の技術、調査部の副部長だったハーバート・W・ハインリッヒが1929年に発表したもので、労働災害の統計分析から災害を「重大災害」「軽傷災害」「無償災害」に3分類し、1件の重大災害（死亡・重傷）が発生する背景には29件の軽傷災害と300件の〝ヒヤリ・ハット〟が存在することを示しました。

いわば、1回の重大事故が起こる前に、実に300回以上ものアラームが鳴り響い

ハインリッヒの法則が示す「重大災害」「軽傷災害」「無償災害」の発生確率

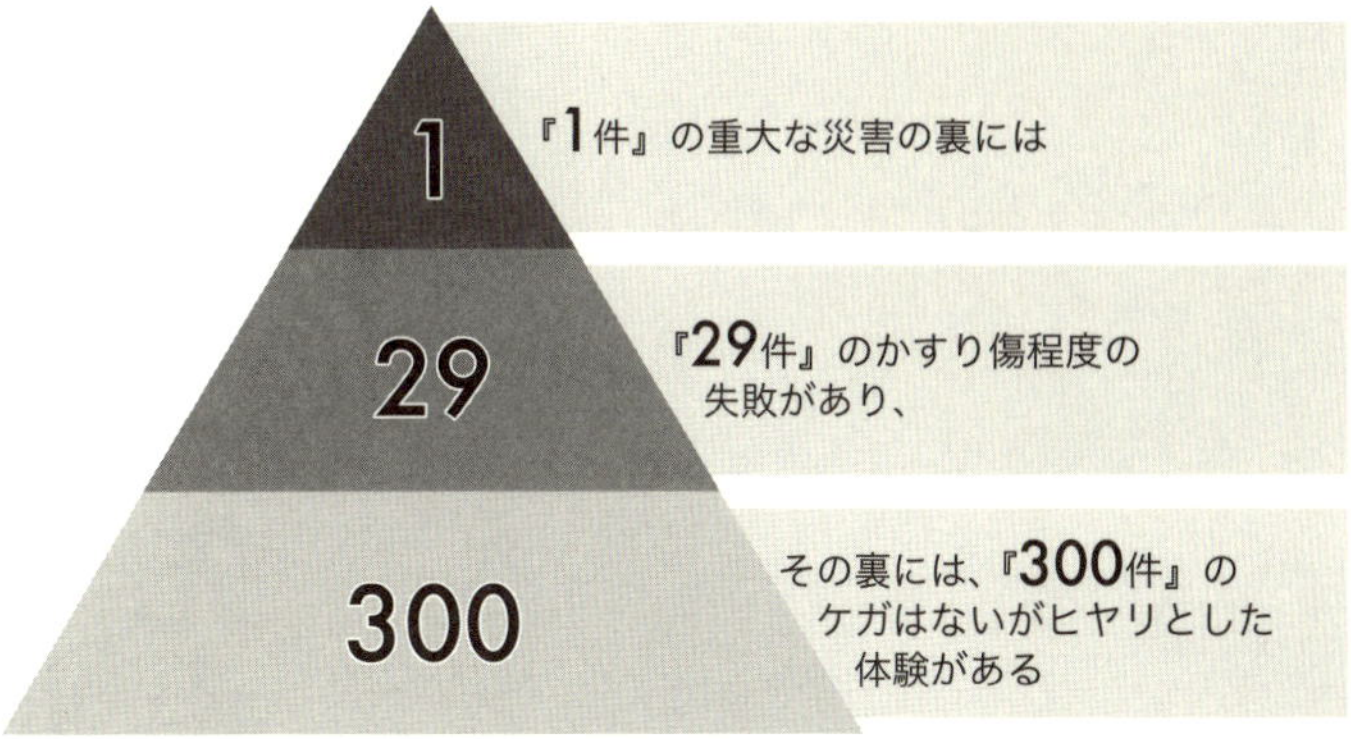
1
『1件』の重大な災害の裏には
29
『29件』のかすり傷程度の失敗があり、
300
その裏には、『300件』のケガはないがヒヤリとした体験がある

※労働災害における発生確率（ハインリッヒの法則／1：29：300の法則）

ていたわけです。アラームをしっかりとキャッチして防止策を施していれば、重大な事故を回避することができたかもしれない、ということになります。

リーダーが、ちょっとした綻び、シグナルを見逃さずに早めに手を打つことで、大きなトラブルを未然に回避することができる教訓を示唆しています。

次節から、組織が発するシグナルの捉え方について扱っていくので、ぜひ、参考にしてみてください。

組織の発する兆し（シグナル）を見逃さず、先手を打つ

❶ 壊れ窓理論――小さなことを疎かにしないことの大切さ

組織の中には、見逃してはいけない小さな兆しがあります。

犯罪学に「壊れ窓理論」（Broken windows）という理論がありますが、これは犯罪防止のためのひとつの概念として、「壊れ窓」というメタファーが置かれています。建物の1枚の割れた窓のようなほんの少しのほころびが、毎日その建物の前を通る人に向かってシグナルを発し、やがては犯罪を誘発してしまうという理論です。

窓が壊れたまま修理されないということは、建物のオーナーや地域住民は、それに気づいていないか、黙認しているというシグナルが暗に発信されていることになります。極端に言えば、その建物近辺では窃盗や破壊、暴行といった深刻な犯罪が起こっても誰も気に

も止めずに黙認される無法地帯になっている可能性があるということです。

かつて、ニューヨークの地下鉄は犯罪の温床でした。時の市長ジュリアーニ氏は、この壊れ窓理論を活用し、課題の解決に取り組みます。地下鉄の落書きをすべてきれいに消して、もし落書きを書くようなら厳しく罰することに決めました。

その断固たる姿勢が、「ニューヨークではどんな軽犯罪でも厳しく罰する」という明確なメッセージを発信することにつながり、清潔で安心な街づくりが推進され、殺人や暴行、強盗などが激減したと言います。

日常のシーンでも、たとえば、レストランに行ってトイレの洗面台の床等が汚れていたとすると、このレストランは衛生面に難があるのではないかと感じ、客として二度とこの店にくるのはやめようと結論づけるかもしれません。

そうならないよう、少しの変化や兆候も見逃さずに、できるだけ早く手を打つことが不可欠です。誰が見てもわかる大きな事象になってから警鐘を鳴らすのではなく、シグナルが小さいうちに組織の抱える根源的な問題に気づき、対応する力がリーダーには必要なのです。

❷ビジョナリーカンパニーに学ぶ企業衰退5段階のシグナル

『ビジョナリーカンパニー』（日経BP社）の著者ジェームズ・C・コリンズ氏等は、偉大な実績をあげる企業とそうならなかった企業を比較し、違いを明らかにする研究に取り組み、かつて偉大だった企業の衰退と没落を5段階の枠組みで整理しました。

この枠組みを知っておけば、もし自分の組織が衰退や失速していると感じた際に、今、どの段階にいるのかを把握し、必要な手立てを考えることが可能になります。

以下、段階ごとのテーマと概要です。

第1段階　成功から生まれる傲慢

過度な成長の果てにメンバーが自分たちの長所と能力を過大評価し、高慢になり、成功し続けるのは自分たちの当然の権利であるかのように考え、これまで成功をもたらしてきた真の基礎要因を見失ってしまう。

主な衰退シグナル

□成功は当然だとする傲慢：未来永劫、成功が続くと信じる社員が増える

企業衰退の５段階

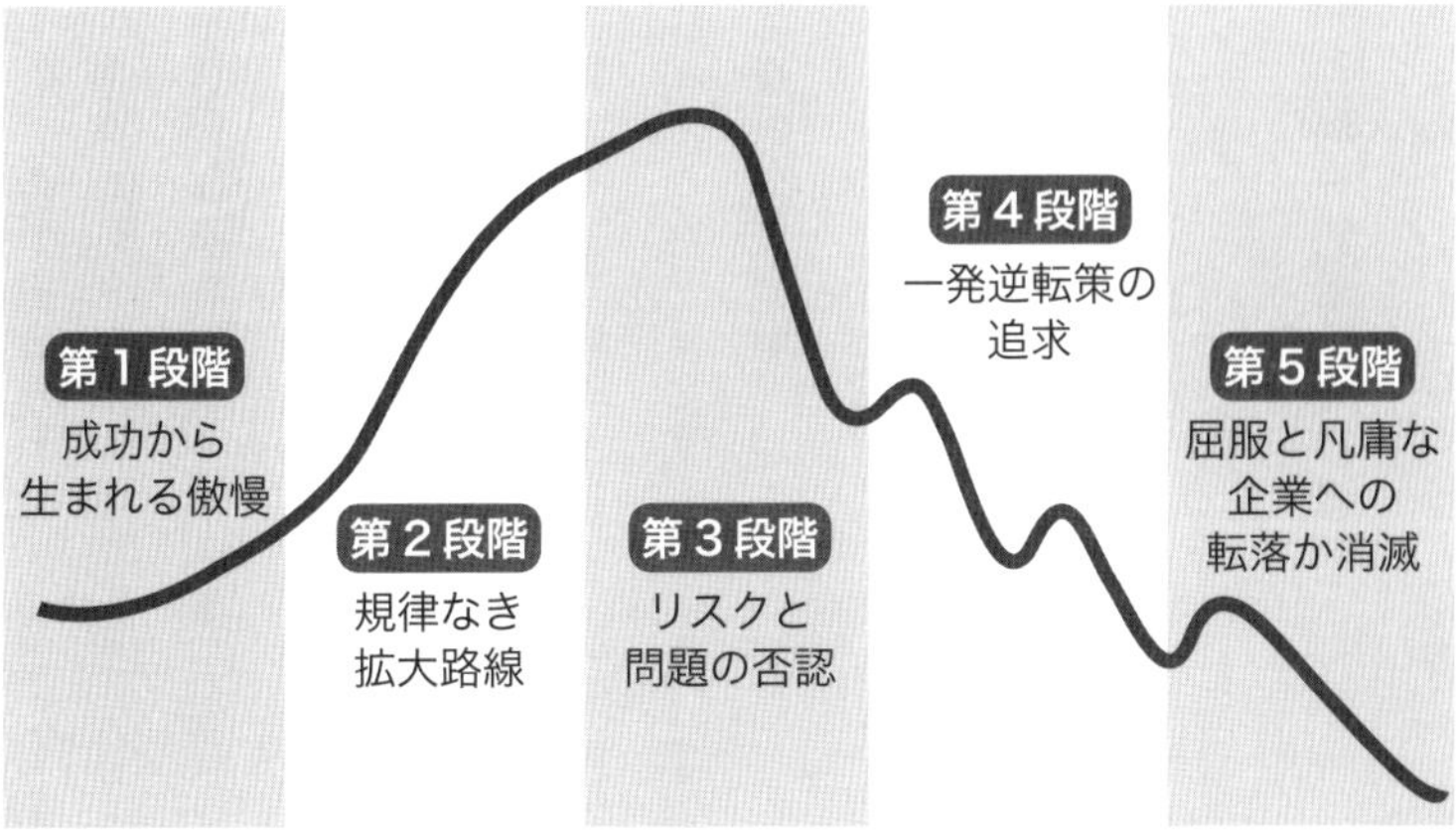

□学習意欲の低下：指導者が好奇心と学習意欲を失う
□運の軽視：成功は幸運に恵まれたと考えず、組織と指導者が優れていたと信じる

第２段階　規律なき拡大路線

規模の拡大をいたずらに追い求め、成長率、世間の評価など経営陣が成功の指標とするものは何でも貪欲に追求する。また組織の成長が早く、主要なポストに適切な人材を配置することができずに社員の士気が低下している。

主な衰退シグナル

□持続不可能な成長の追求：成長を追求する圧力が生まれ期待の悪循環がはじまる
□非関連分野への規律なき飛躍：情熱を持てない分野や、会社の価値観に合わない

分野、経営資源を強化できない分野への進出
□官僚制による破壊：肩書きで人を判断する、規律で縛られ、自由と責任が崩壊
□問題ある権力継承：後継者の選択や育成に失敗し、権力継承で困難にぶつかる

第3段階　リスクと問題の否認

経営陣が、都合の悪いデータを小さく見せ、よいデータを強調し、曖昧なデータは解釈する。業績不振の原因として、外部要因を指摘。自分たちで責任を引き受けようとしない。業績好調だったときに活発だった、事実に基づく議論は影をひそめる。

主な衰退シグナル

□データの拡大解釈：よいデータを強調し、悪いデータを小さくみせる
□外部要因への責任の押しつけ：指導者が失敗を引き受けず、外部要因や他責で逃避
□組織再編の繰り返し：幹部は社内政治に没頭。現実に正面から対応せず、組織再編を繰り返す

第4段階　一発逆転策の追求

衰退が誰の目にも明らかになり、一発逆転の救済策にすがろうとする。カリスマの登場

を待つ、大胆だが実績のない戦略、企業文化の変革、大ヒット狙いの新製品、自社の枠組みを変える大型買収など、さまざまな「特効薬」にすがろうとする。

主な衰退シグナル

□特効薬の追求：ゲームを変える買収、新戦略への一貫性のない飛躍、興奮を呼ぶ技術革新など、大きな動きで突破口を開こうと四苦八苦する

□抜本的な変革と革命の喧伝：新しい計画、文化、戦略を象徴する言葉の大宣伝。流行の言葉やキャッチフレーズを浸透させようとする

□リストラの繰り返しと財務力の低下：計画に失敗し、資源が流出。何度もリストラを繰り返し選択肢が狭まる

第5段階　屈服と凡庸な企業への転落か消滅

一発逆転狙いの方策に何度も頼るほど、悪循環に陥っていく。後退を繰り返し、巨額を投じる再建策がいずれも失敗、財務力と士気が低下し、将来を築く望みが放棄される。会社の身売りが決まり、衰退して凡庸な企業に落ちていく。

いかがでしたでしょうか。

コリンズ氏等は、衰退の第3段階までに、衰退しているという事実をリーダーが認識すれば、反転は可能であるとしており、第4段階に入っていても、一発逆転にすがるサイクルから早く抜け出して、一歩ずつ再建を進められる資源が残っていれば、進路を逆転させることができるとしています。

正しいリーダーは、事業が好調なときも不調なときも、いつも変わらず、一定の緊迫感を持ち、大胆かつ繊細に事業運営をしていくことが求められるのです。

❸ 変化の兆しを「今」と「一歩先の未来」の2軸で捉える

組織をマネジメントする上で、未来を読むことは欠かせませんが、とても難しいことです。ましてや現在は非連続の変化が起こる混沌の時代。こうした中、リーダーは未来に対して何を、どう見極めればよいのか？　何を手がかりに意思決定すればよいのでしょうか。リーダーが未来の兆しを捉える視座を持つには、自社を取り巻く環境要因を、マクロ的に見つめる必要があります。

戦略フレームをかじっている人にはおなじみの「3C＋PEST」の観点を紹介します。

自社を取り巻く環境を捉えるための「3C＋PEST」の視点

①自社／Company（自社動向）：自社の売上高、市場シェア、収益性、ブランドイメージ、技術力、競合より優れている点は？

②顧客／Customer（顧客動向）：顧客層は、どう変わるのか？ 将来の顧客は誰か、ニーズの変化はありそうか？

③競合／Competitor（競合動向）：競合プレイヤーはどこか？ 数は、戦略は、自社と比較した構造上の強みは？

④顧客価値／Key success factors（主要な成功要因）：現在の競争のルールや自社が顧客や市場から選ばれる価値は？ それは今後どう変わるか？

⑤政治／Politics（政治的要因）：将来、法改正（規制緩和）、税制（減税、増税）、政権交代による変動要素は存在するか？

⑥経済／Economy（経済的要因）：景気動向、経済成長率、株価、金利、為替、消費動向に大きな変化はありそうか？

⑦社会／Society（社会的要因）：人口動態、流行、世論、宗教、教育、言語、少子高齢化、国際社会のリスクなどはありそうか？

⑧技術／Technology（技術的要因）：技術革新によるイノベーション、インフラ、IT活用、当該分野の「AI」台頭などはありそうか？

世の中の変化を漠然と見ようとしても、雲をつかむような話なので、まずはこれらの視点で起きている出来事を複眼で捉えてみましょう。

コツは、今現在だけを見ようとするのではなく、一歩先の3年後、5年後といった近い将来と一緒に考えてみることです。

たとえば、次のように考えてみましょう。

今、自社が競合と比較して勝っている領域で、近い将来、技術革新が起こり、大量開発で技術が廉価になり、技術力でひとり勝ちしているゲームのルールが変わる可能性がある。とすると、別の付加価値を生み出さないと、競合に勝てなくなる。だとすれば、自分たちが勝負できることは何だろうか？

といった具合です。

また、新聞や経済情報誌を読む際には、無目的に見るのではなく、この8つの箱に整理するように情報収集していくと、アンテナが立って、変化の兆しをつかめる可能性が高まります。

小噺◆7

易経《えききょう》「乾為天《けんいてん》」に学ぶリーダーの成長ストーリー

中国の古典「易経《えききょう》」は、英語表記では「Book of change」（変化の書）と呼ばれ、何千年もの間、時の皇帝達が機を見るのに活用してきました。易の根底には、天と地、太陽と月、男と女のように陰陽思想が流れ、64個の卦《か》があり、その最初に来るのが「乾為天《けんいてん》」です。地に潜んでいた龍が力をつけて飛龍となり、勢いよく活躍し、最後に下り龍となるという、リーダーの生き様の変化のストーリーです。以下、紹介します。

乾為天
乾《けん》は、元《おお》いに亨《とお》りて貞《ただ》しきに利《よ》ろし
初九。潜龍《せんりょう》用うるなかれ。
九二。見龍田《でん》に在り。大人《たいじん》を見るに利ろし。
九三。君子終日乾乾《けんけん》、夕べに惕若《てきじゃく》たり。厲《あや》うけれど咎《とが》なし。
九四。或いは躍《おど》りて淵《ふち》に在り。咎なし。

九五。飛龍天に在り。大人を見るに利ろし。
上九。亢龍悔《こうりょうくい》あり。
用九。群龍《ぐんりょう》首《かしら》なきを見る。吉なり。

＜意訳＞

積極的に徳を積み、正しい行ないを心がければ、すべてのことはうまくいくだろう
初九。地下に潜む龍、まだまだ力不足。我慢して、努力し続けよ
九二。姿が、見えつつあるが、未だ経験不足。一流のプロを見て、学べ
九三。朝から夕まで繰り返し努力せよ。1日を省みて精進すれば危ういが咎めなし
九四。あるときは、飛び上がり、あるときは淵に潜むなど、開花の手前。咎めなし
九五。天高く昇る。実力が花開き絶好調。だが奢らず自分よりも大きな人を見るべし
上九。昇りすぎた龍。やりすぎの結果、墜落。後悔の念を持つ
用九。首を隠した龍のように奢らず才能をひけらかさない。そうすれば吉

いかがですか。段階に応じたリーダーのあり方。宇宙の原理を示した四書五経のひとつ、歴史が証明する易経「乾為天」龍の物語を、成長のヒントに活かしませんか。

職場で実践！本質を「観る」ためのの場づくり

❶ 一方的な計画書は捨てる。「Visual MAP」を使って同じものを観て、共創しよう！

組織の力を引き出すには、リーダーが一方的にビジョンを示すのではなく、メンバーがその意味するところを腹落ちし、自身の行動や判断に変容がもたらされるような「視界一致」の状態を築くことが必要であるとお伝えしました。それには、メンバーと同じものを観てビジョンを共創しなければなりません。

リーダーがひとりで、左のようなビジョン計画書を作ってはいないでしょうか？　一見、問題ないように見えるかもしれませんが、メンバーにとっては、遂行する上での現場のリアルな葛藤や、恐れ、不安が語られることなく、また実現できた後の状態にワクワクしたり、新たな可能性に胸を躍らせることもありません。これでは絵に描いた餅になってしま

ありがちな計画書

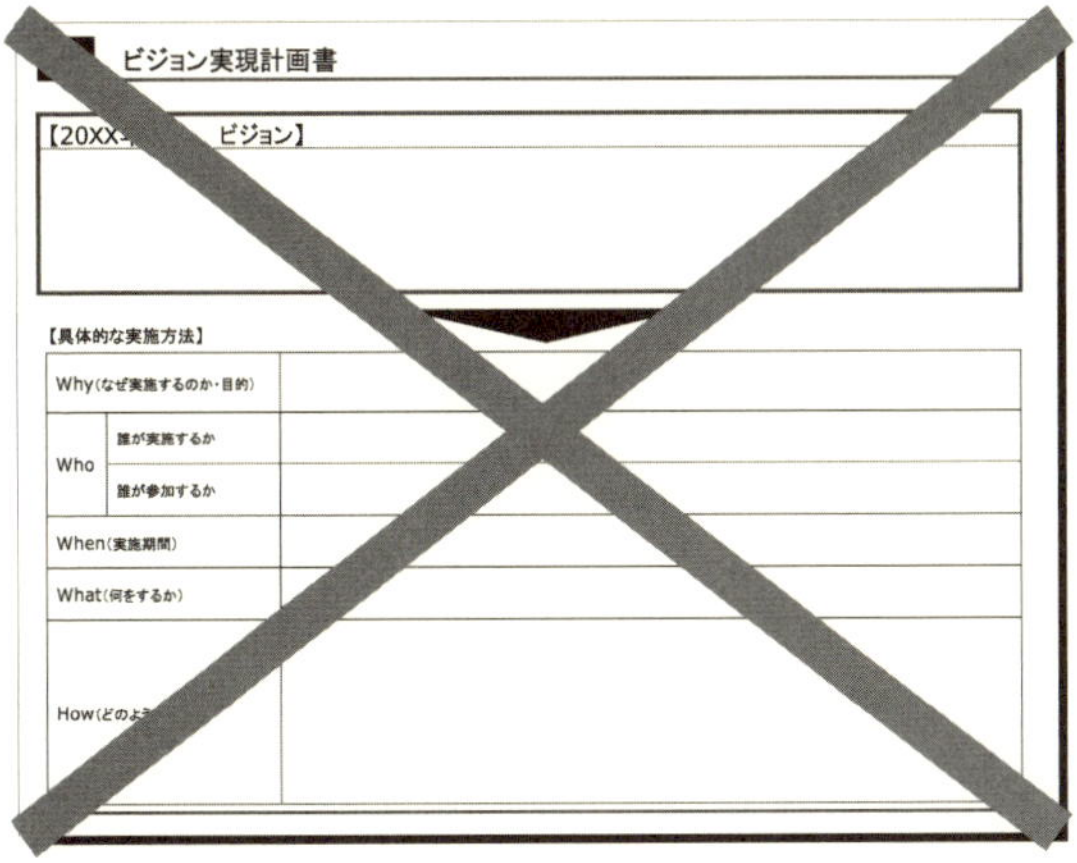

います。

職場で目標を立てるときは、リーダーだけではなく、職場全員で次ページのようなMAPを用いて、対話をしながら進めていくことを推奨します。

Visual MAPはA0判の大きな模造紙です。これをホワイトボードに貼り、全員でボードのまわりを囲み、各テーマについて、ポストイットに記入して貼付したり、組み替えたりしながら対話を深めていきます。

共通の地図があることで、チーム全員が同じ方向を観て、正直でオープンな対話が可能になります。また、あえてビジョンを実現する上での「障壁」について対話することで、自分たちが今、どこにいて、どんな不安を抱えていて、それでも手に入れたい未来のため

全員で共創できる地図

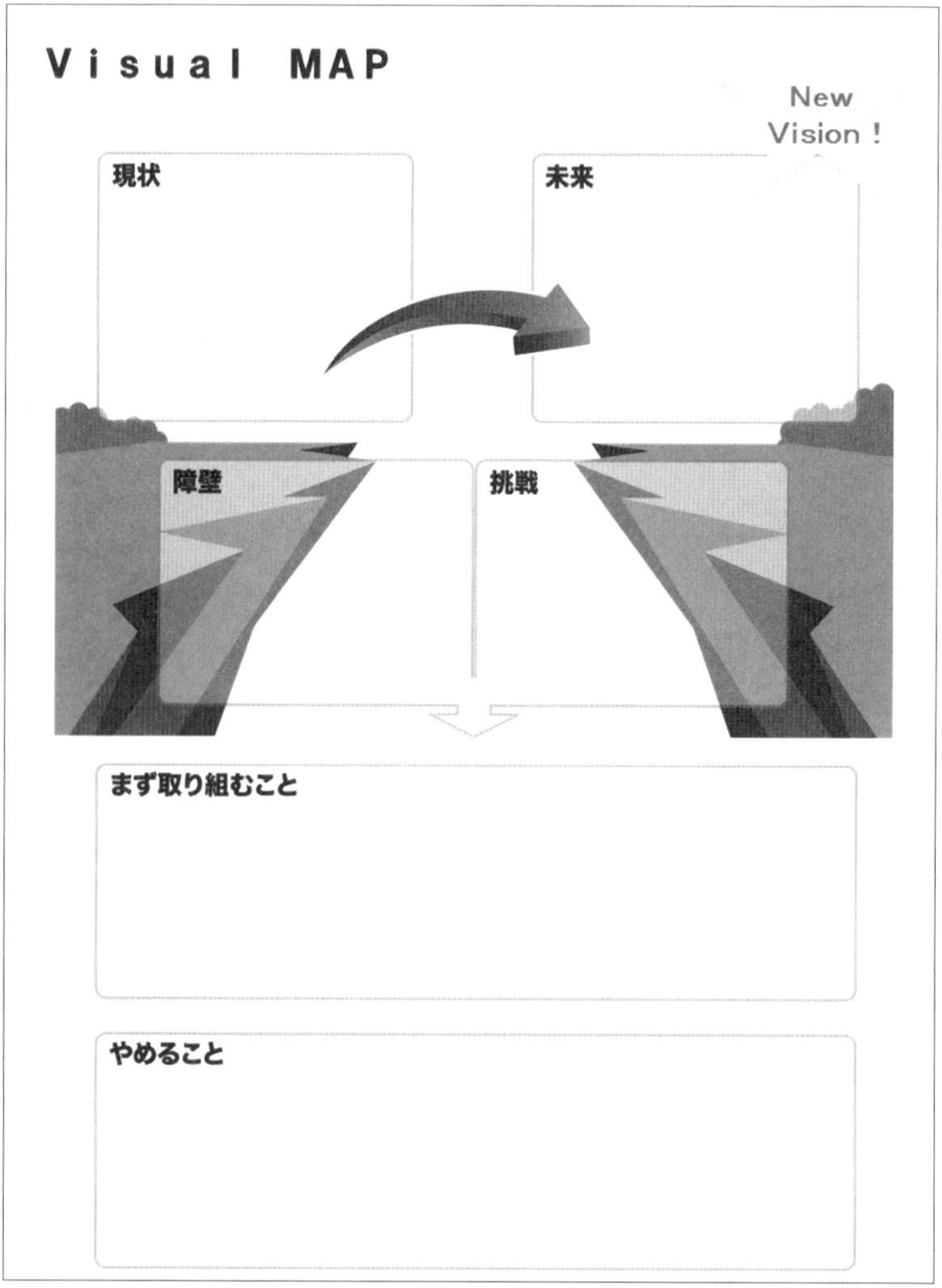

に、どんなチャレンジをしていこうかと、全員で侃々諤々、対話することができるようになるのです。

カーナビに目的地を入力すると、ゴールまでの道筋が示されるのは、GPSで現在地を特定しているからこそ、なせる業です。どこかに行きたいのなら、目的地だけではなく、現在どこにいるのかも含めた全体を観なければ、たどり着けません。

また、こうしたMAPがあると、注目する対象が「個人」ではなく、地図に描かれている「テーマ」に移るので、誰が言ったかは関係なくなります。皆が、あーでもない、こーでもない。でもこうしたい！　と本音を語っている場は、とても豊かです。

❷「6色の帽子思考法」でアイデアを精錬しよう！

アイデア発想法（水平思考）の巨匠と言われるエドワード・デボノ博士が開発した「6色ハット思考法」は、6つの異なる視点で考えることで、さまざまなアイデアを引き出していく手法です（次ページ参照）。この思考法は、アイデアの発散だけではなく、今あるアイデアを多くの視点から検証し、思い込みのバイアスを外す際にも有効です。

6つの視点によってアイデアを引き出す「6色ハット発想法」

❶白い帽子
データや数字から客観的に事実を捉えて発言する。

❷緑の帽子
創造的な視点で、自由でぶっとんだアイデアを提案する。

❸黄色い帽子
肯定的な視点でポジティブに捉えて発言する。

❹黒い帽子
否定的な視点で、リスク、懸念点を洗い出し、注意を促す。

❺赤い帽子
理屈も根拠もなし。本能に従って、直感的・感情的に発言する。

❸青い帽子
空のように高い視点で、目的から俯瞰し発言する。

出典：エドワード・デボノ博士『6つの帽子思考法 ―― 視点を変えると会議も変わる』より筆者一部修正

帽子を被るのに抵抗感がある場合は、色のついたバンダナ、あるいは名札などを準備し、職場で議論したいテーマやアイデアを真ん中に置いて、皆で議論をします。それぞれの色の視点から、テーマに対する見解を発言していくのです。

もう意見が出ないというところまで続けると、当初のテーマやアイデアより精錬されたものが出てきます。

この思考法のよいところは、年次や経験に関係なく、「その色の視点」で発言することが許される点にあります。新人であっても、「黒い帽子」の視点が与えられると、先輩のアイデアを完全否定することができます。立場を超えて発信ができるという点では、職場活性にも一役買ってくれる手法です。

③「イメージ、メタファー」の力を借りて未来を創造しよう！

Center for Creative Leadership 社の「Visual Explorer™」を使用

組織でビジョンや新たな目標を共有するときに、ビジョンの文言と数値目標だけを伝えても、メンバーの心は動きません。先に「3つの現実レベル」の話をしましたが、目に見える客観的な数値目標や計画だけではなく、その奥にある「願い」や「実現したい世界」、ひいては、根底にある、衝動やうずきまで皆で分かち合うことができれば、それは組織としての大きなエネルギーに変換されます。

それを助けてくれるのが、写真（フォトカード）などを使ったビジュアルの力です。ビジュアルには、イメージやメタファーがたくさん詰まっています。

子供は発育の初期段階、言語機能を獲得する以前は、イメージで世界を理解していると言われるように、人間に本能的に備わっているのがイメージです。

リーダーは、実現したい世界やビジョンを言葉とストーリーで語った後、メンバーに「その世界が実現されている状態とはどのようなものか？」と問いを投げかけます。そして前ページの写真のように、サークルの中央にフォトカードを布置し、問いの答えに近いカードを自由に選んでもらうのです。

カードを選んだら、各自が選んだカードの意味、創り出したい未来を全員で対話します。お互いが腹の底から共鳴し合うビジョンほど、強いビジョンはありません。

❹ 16の危険シグナルであなたの組織を見極めよう！

私はコンサルタントとして、経営者から新入社員に至るまであらゆる階層の方に、組織の抱える課題をヒアリングする機会に恵まれました。その経験を元に、危険な兆候のある組織に共通して見られる代表的なシグナルを紹介します。5個以上当てはまるものがあれば、あなたの組織は黄色信号です。このシグナルをキャッチしたら、早期発見、対応することが、病巣を排除する上で有効です。

危険な組織に共通して見られる代表的なシグナル

- □ 売上目標の下方修正を最近、何度か繰り返している
- □ 会社の経営理念が、埃を被った立派な額縁に収められている
- □ 自社を脅かす競合が台頭し、応戦すべく低価格で攻めようとしている
- □ このまま「AI」が発達すれば、存亡の危機にある領域の仕事を行なっている
- □ 具体策がなくとも「できます」と言っておけば、経営陣は目を細めている
- □ 退職者には優秀な人材が多い
- □ オフィスのレイアウト変更がここ数年、まったく行なわれていない
- □ 結果のいかんにかかわらず、評価が上がることなく昇格が滞っている
- □ マネージャーから数値目標の伝達以外は、ビジョンを語られることがない
- □ 今日は無礼講でとの指示に従って意見を出すと、後で怒られる
- □ 上司が部下に必要以上に気を使っている
- □ そもそも上司と部下が1on1で話す機会が少ない
- □ 顧客対応よりも社内の問題の火消しに奔走している
- □ 管理職が疲弊しており、誰もマネージャーをめざしたがらない
- □ 働き方改革で定時退社を奨励しているが、皆、家に仕事を持ち帰っている
- □ 会議のたびに、前回決めたことや提案がリセットされている

小噺◆8

変革のチェンジカーブ、困難な見通しを見せるメリットとは？

未来の見通しがあることで、メンバーの心は奮い立ちます。

技術史家のユージン・ファーガソンは「ピラミッドも大聖堂もロケットもこの世に誕生したのは幾何学や構造理論、熱力学といった学問が発達したからではない。それらを頭に思い描いた、想像した人がいたおかげである」と言いましたが、メンバーが魅力的に思うポジティブな見通しを見せることは、リーダーとして必須の働きかけです。

一方で、理想と現実の狭間には、当然、大きな乖離があり、理想を伝えるだけでは、こんなはずではなかったと、途中でメンバーの心が折れてしまうことも想像に難くありません。

そこで、逆張りですが、ポジティブな理想像だけでなく、その理想を実現するまでのネガティブな道のりをあらかじめ伝えておくことも、チームの変革を実現する上で有効です。

左図は、「チェンジカーブ」（企業変革カーブ）と呼ばれる、変革までの道のりを示す地図です。特徴的なのは、その途中に棲む魔物、モンスターの習性と、それが仕掛ける罠についての水先案内図を示しているところです。変革の途中にどんな困難や葛

チェンジカーブ　～変革までの道のりで表われるモンスター

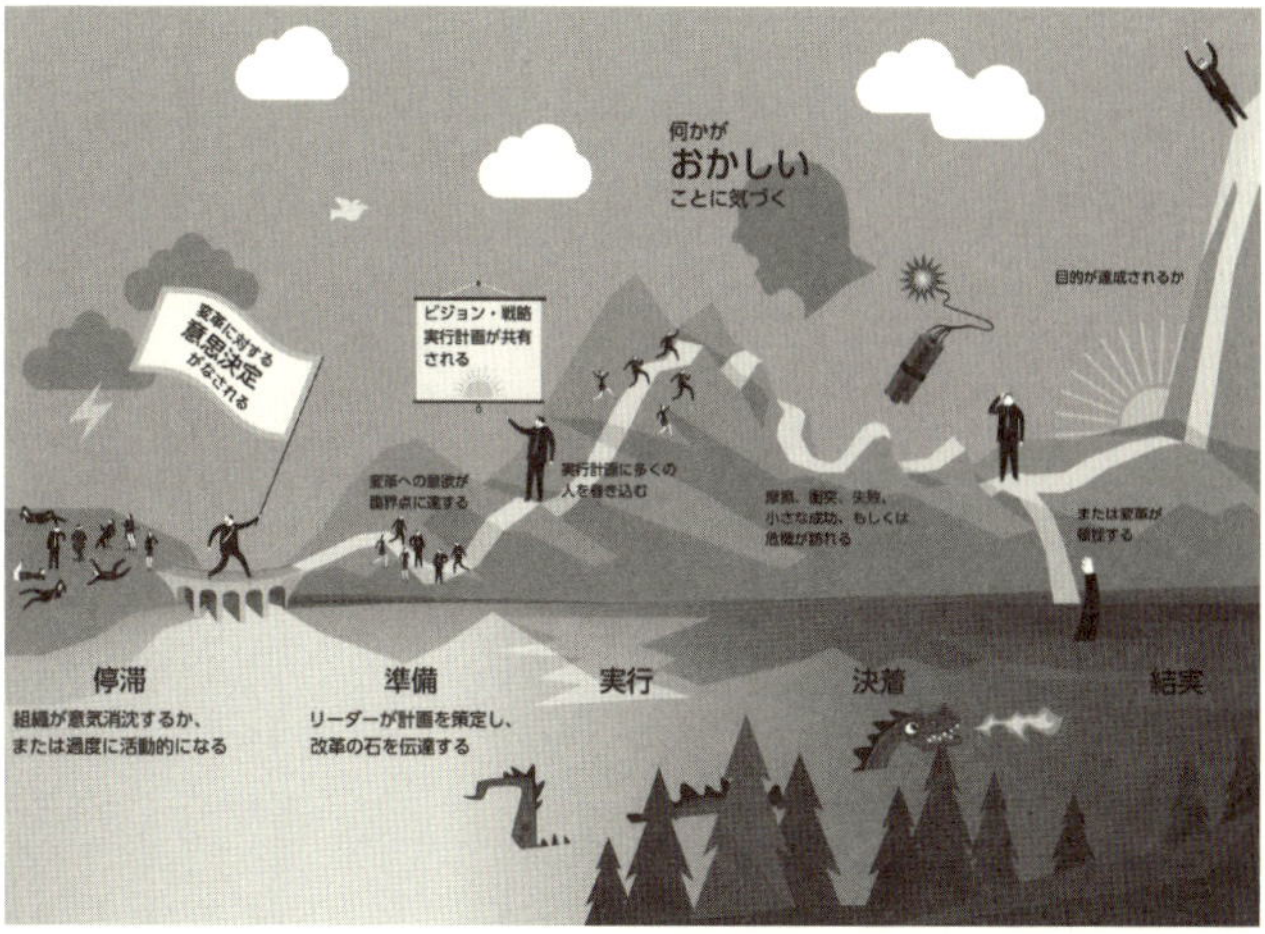

出典：『チェンジモンスター　なぜ改革は挫折してしまうのか？』ボストン・コンサルティング・グループ訳
ジーニー・ダック著（東洋経済新報社）チェンジカーブをデザイン等、著者修正

藤、障害が待ち受けているのか、今大変でも次にどんなよいことが待っているのか、変革の道程をあらかじめ見せることで、メンバーは安心して旅を進めることができます。

エベレストには、各登頂ルートの特徴や、気をつけるべきポイントが念入りに準備されていると聞きますが、このカーブを使うことで、ゴールまでの道のりの「停滞」「準備」「実行」「決着」「結実」のどのステージに自分たちがいるのかを把握することができるのです。

ネガティブなことをあえて見せて、転ばぬ先の杖を持つことによって万全の備えが可能となり、窮する前に先手を打つこともできるようになるのです。

The world is not made up of
atoms ; it's made up of stories.

「世界は、原子でできているのではない。
物語でできているのだ」

Muriel Rukeyser　**ミュリエル・ルーカイザー**
アメリカの詩人（1913－1980）

3章

口：問う／語る

Inquire/Tell

【概要】

変化が激しく、絶対解を示せない不確実の時代。リーダーには、皆で共創解を生み出すための対話の切り口となる「問いかける力」と、未来に向けてメンバーの心を束ね、集団の力に変えてゆく「ストーリーを語る力」が必要です。よい問いかけには、思考を深め、自分では気づかない発見を促したり、集団としての最適解を導く効用があり、よいストーリーには、理屈を超えて人の感情を揺さぶる力があります。本章では、これからのリーダーが携えるべき、「問う力」と「語る力」を磨くための技術を実践例も踏まえてお伝えします。

問いかけるリーダーシップ

❶指示・統制型リーダーの限界

これまで組織のリーダーは、問題が起こるとメンバーへの質問によって状況を把握し、的確な指示を与え、解決に向けたリーダーシップを発揮してきました。置かれている状況や課題がシンプルであり、外部環境が安定している際には、リーダーの過去の経験則や知識を活かしながらスピーディーに対応できる、効率的なスタイルと言えます。一方で、現代を表わすキーワードとして、最近、耳にすることが多くなってきたのがＶＵＣＡ（ブーカ）。元は軍事用語で、Volatility（不安定）、Uncertainty（不確実）、Complexity（複雑性）、Ambiguity（曖昧さ）という単語の頭文字をとった略語で、環境変化が激しく、先の見えない混沌の時代の象徴として使われるようになってきました。

そうした中、リーダーがこれまでと同じやり方を続けていては、限界を迎えるでしょう。新たなあり方としてお勧めしたいのが、状況把握、指示型の問いかけから、メンバーを支援し、皆の知を持って、肯定的な未来を探求していく問いかけへのシフトです。

古くはフランスの哲学者ヴォルテールが「人を判断するには、どのように答えるかではなく、どのような問いを発するかによるべきである」と格言を残しているように、状況が刻一刻と変わり、今日の正解が明日には通用しなくなっている現在、リーダーひとりが答えを出すのではなく、優れた問いを立て、周囲に問いかけ、対話し、関係者全員で最適解を作っていくことが求められます。そうした時代に相応しい、私が考案した「4つの問いかけ」と「陥りがちな罠」を紹介します。

❷ 4つの問いかけ法（調査／提案／探究／共創）と陥りがちな罠（詰問／命令／べき／執着）

①調査的問いかけ

主にWhen（いつ）、Where（どこで）、What（何が）の疑問詞を使い、事実情報の収集、調査をする問いかけです。

陥りがちな罠は、一方的に質問し続けることで、「取調べ」と化すこと。特に「Why」

と「Who」の使い方に注意が必要です。「なぜ、こんなことになった？」「誰がやったんだ？」と、「なぜ」や「誰」を頻繁に繰り返すと、相手を責めたて、問い詰める、「詰問」「尋問」になりがちです。すると問われた側の思考は停止し、「……すみません」と謝るか、「なぜなら……」の言い訳に終始することになります。あくまで、現状把握のために事実ベースで状況を確認するにとどめることが有効です。

②提案的問いかけ

「問題を解決するために、この案を実行してみるのはどうだろうか？」と実行に向けた提案をする問いかけです。特に未経験者や若手など、その分野における習熟度が低いメンバーには、育成とスピーディーな解決のために、この問いを使う機会が少なくないでしょう。

陥りがちな罠は、相手に同意以外の反応を認めない一方的な押しつけや、質問の形を借りた命令になりやすいこと。強制にならないよう、相手の意思を尊重したり、その提案を実行する目的、意義、価値を伝え、相手の納得感を醸成する工夫が必要です。

③探求的問いかけ

従来の既成概念に縛られずに、柔軟な発想を促す問いかけです。複雑性が高く、問題の因果関係が不明瞭な際は、目に見える事柄だけを扱うのではなく、全体構造を俯瞰したり、要素間のつながりに注目するなど、事柄を真正面から捉えるだけではなく、距離感や角度を多面的に変えて問いかけることが有効です。

「この状態が続くと将来はどうなる？」（時間軸）、「引いて全体から見ると？」（空間軸）、「顧客、競合だったらどう考える？」（立場軸）、「そもそもなぜ、これが必要？」（目的軸）、「織田信長ならどう考える？」（他人軸）、「もし、予算はいくらでも使っていいのなら？」（仮定軸）、「その感覚を他のものにたとえてみると？」（メタファー軸）、「どうなると最高にハッピーになれる？」（感覚軸）といったように問題をリフレームして捉え直すことで、思考の行き詰まりを突破します。

陥りがちな罠は、「○○すべき」と考える常識や通説、過去の慣例の踏襲といった既存の枠組みです。何でもありの発想で自由に問いかけてみましょう。

④共創的問いかけ

明白な答えを誰かに与えるのではなく、「私たちは、どのようにすれば、それが可能となるのだろう？」と、主語を相手（You）ではなく、私たち（We）に置き、「どのようにすれば」（How）によって視点を広げるオープンな問いかけです。答えを限定せず、相手

状況別 問いかけ法

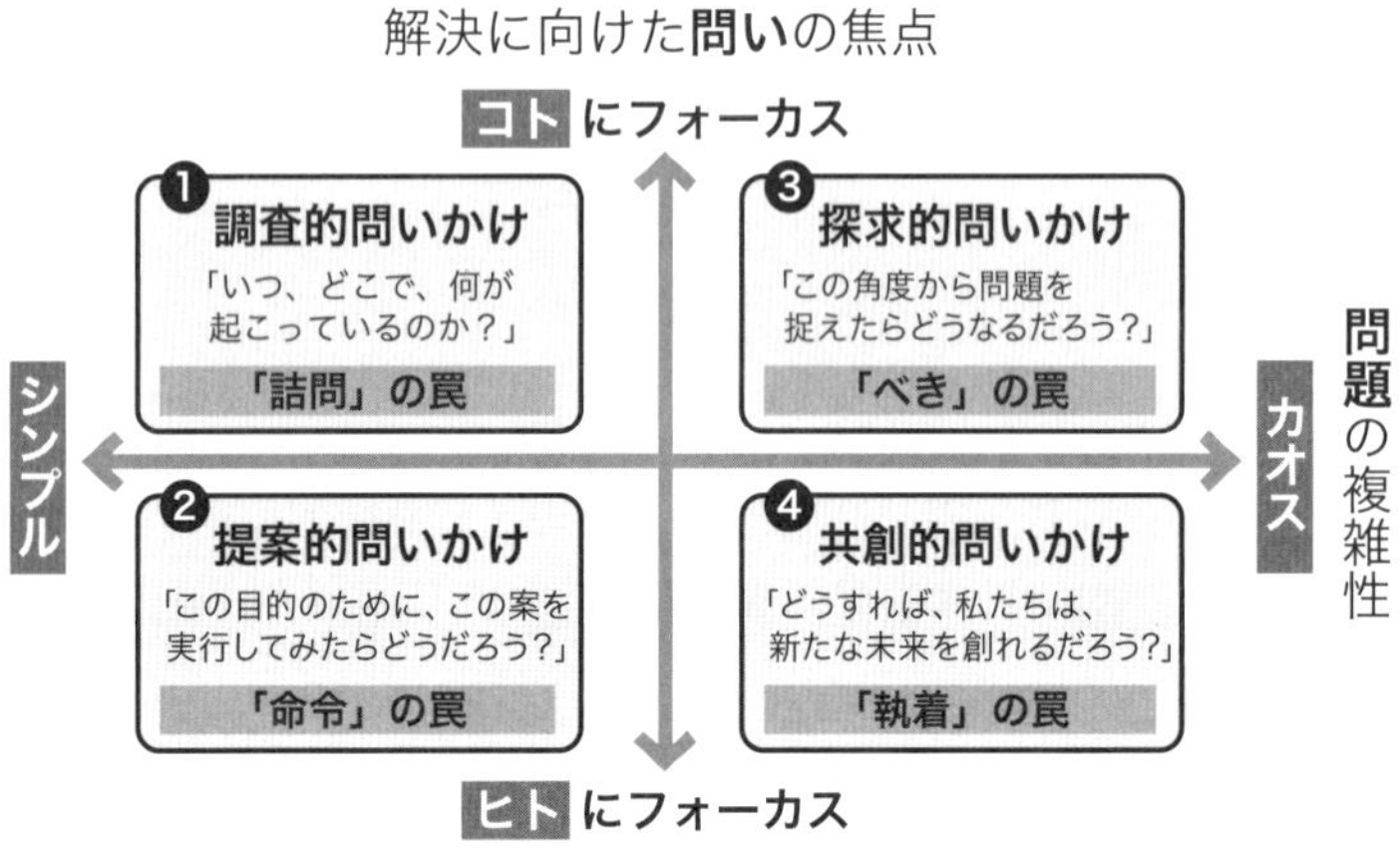
解決に向けた問いの焦点
コトにフォーカス
ヒトにフォーカス
シンプル
カオス
問題の複雑性
1 調査的問いかけ
「いつ、どこで、何が起こっているのか？」

「詰問」の罠
2 提案的問いかけ
「この目的のために、この案を実行してみたらどうだろう?」

「命令」の罠
3 探求的問いかけ
「この角度から問題を捉えたらどうなるだろう?」

「べき」の罠
4 共創的問いかけ
「どうすれば、私たちは、新たな未来を創れるだろう?」

「執着」の罠

が自由に回答できるオープン・クエスチョンは、「一緒に問題を考えよう」という共創的なメッセージが伝わります。問いかける際には、相手に偏見を持たないこと、自分の判断を保留して謙虚に問う姿勢を忘れないようにしてください。

関係者全員で本音の対話がなされ、自らの意見や価値観を変容させながら生み出された解には、一方的に提示された解よりもはるかに多くの責任感が生まれ、実行に向けたエネルギーが湧いてきます。

陥りがちな罠は、自分で何でもやろうとする、閉じようとするリーダーの執着です。リーダーの一歩より100人の100歩の大きさを踏まえましょう。

現代のような正解のない時代には、状況に

応じた「問いかけ」をすることを、新しいリーダーのあり方として取り入れてみてはいかがでしょうか。従来の一方的な確認や質問の形を借りた指示、命令は、メンバーの現状認識を変えることはあっても、新しい考えや実行へのコミットメントを引き出すには限界があります。いつもの問いを「探求的問いかけ」や「共創的問いかけ」に変えて、メンバーの意欲を高め、問題解決と未来創造に導いていくリーダーシップが今、必要だと思います。

❸ 対話、議論、会話の違いと対話が拓くプレゼンシングまでの4つのレベル

③探求的問いかけや④共創的問いかけを組織単位で行なうのが対話ですが、そもそも「対話」とは何でしょうか？　似て非なるものに、ディスカッション（議論）やカンバセーション（会話）があります。

ディスカッション（Discussion）は、語源に「打ち砕く」という意味があるように、どちらの意見が正しいかを決めるものです。それは、AとBという2つの異なる意見があった場合、議論をしてもそれぞれの本質は変わらず、どちらかが勝ち、どちらかが負けるという形になります。

カンバセーション（Conversation）は、語源に「共に交わる」という意味があるように、

互いに自分の意見を主張し合って終わることが多く、そこから新たなものが生まれる可能性は低いです。

一方で、対話は共同で達成されるものであり、AもBも意見が変化し、かつ双方が新たなステージにたどり着くことができるものです。

対話のプロセスでは、個人が持っている既存の枠組みや発想をいったん「保留」することに価値があります。相手の考えにレッテルを貼り、早急に判断を下すことや、あらかじめ落としどころを用意しておくことを「保留」しましょう。相手の話をじっくり聴くだけで、いつもの慣習となっているパターンとは異なる反応が引き出され、視座の転換がなされたり、新たな発想やアイデアがその場所から生まれることが可能になるのです。

MIT教授のオットー・シャーマー博士が発案した、有効な対話をするための「話し方と聞き方の4つのレベル」というフレームワークを紹介します。

まずは、①ダウンローディングと呼ばれる儀礼的（表面的）な会話からはじまります。本音は話されず、見せかけの調和を保とうとします。そこから②ディベート（討論）に移り、各人が率直に自分の意見を述べるフェーズに移行します。

レベル2では双方が主張し、意見の衝突も起こります。どちらが正しいか、平行線をたどるばかりで前進が困難です。次のレベル、③対話（ダイアログ）は、視座の転換によっ

話し方と聞き方の４つのレベル

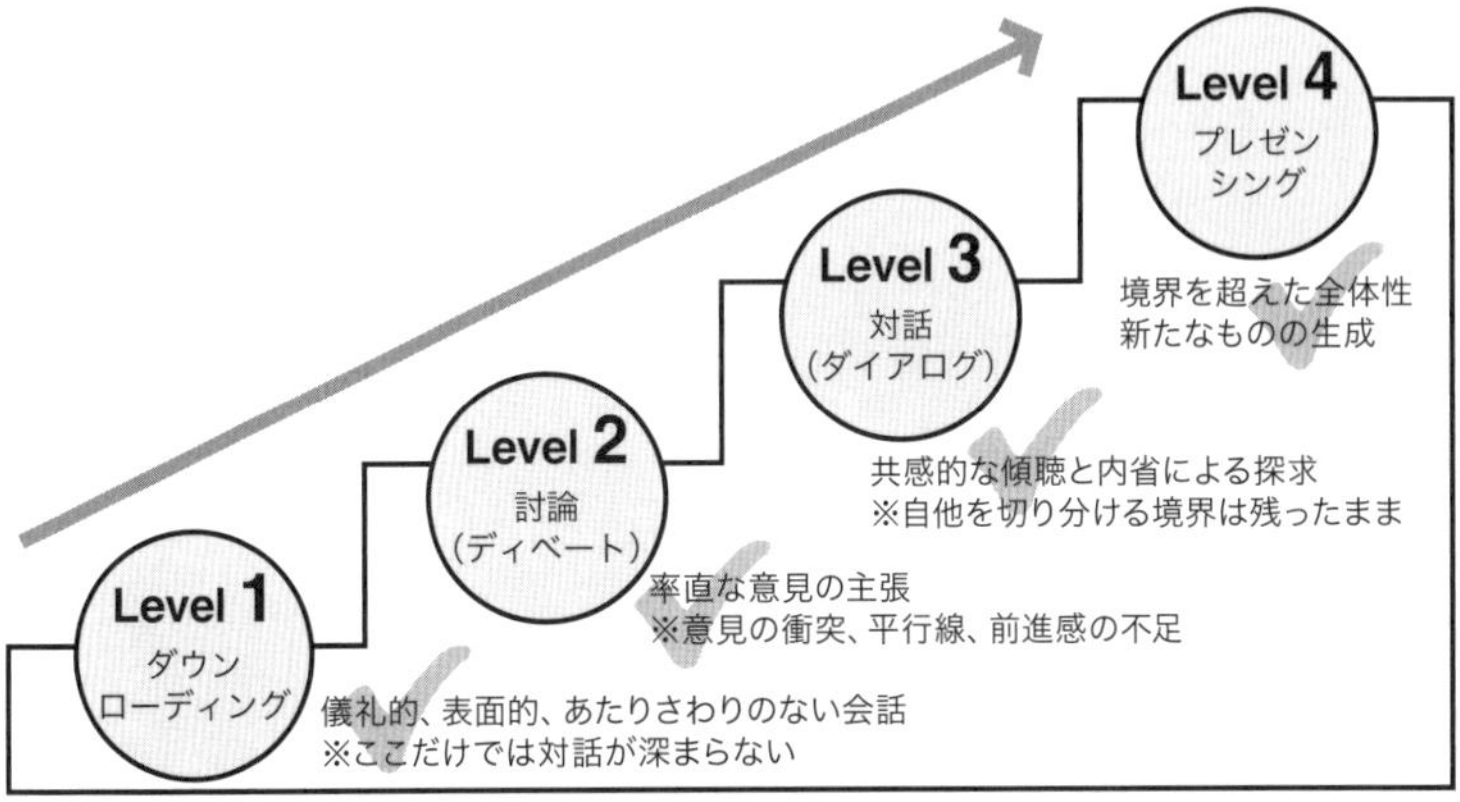

参考：MIT教授　オットー・シャーマー博士　『U理論』から作成

て、互いの意見を共感的に聴く、自分を客観的に見つめる内省を伴って探求する段階です。ただ、このレベルでも自他を切り分ける境界線は存在します。さらに高いレベルが④プレゼンシングと呼ばれる生成的な対話で、自分や相手という立場や境界を超え、自分が執着していたものを手放し、この場から新しい関係性やアイデア、アクションが生成されてくる様子を示します。今、場で起こっている対話はどのレベルにあるのか、を知る上での参考にしてください。

小噺◆9

「GROWモデル」でメンバーに問いかける

コーチングでよく使う問いかけ法、「GROWモデル」を紹介します。

上司－部下の1on1ミーティングでも活用できるフレームなので、会話例を紹介しましょう。参考にしてみてください。

上司 今日の1on1で扱いたいテーマは何かな？【G】

部下 新人とのコミュニケーションの取り方です。

上司 君がメンター役を務めてくれてるAくんとのコミュニケーションだね。【G】

部下 はい。新人の育成担当になったんですが、思うようにいかなくって。

上司 コミュニケーションの改善がテーマだね。今の状態は10点満点中、何点かな？【R】

部下 うーん……。6点くらいですかね。

上司 6点も取れているんだね。その根拠は？

部下 一応、決めたルール通り、毎日、振り返りの時間を2人で取ることはできてい

問いかけのGROWモデル

G GOAL（目標）
R Reality（現実）
O Option（選択）
W What / When / Who / Will
（何を いつ 誰が 実行の意志）

るので。

上司 なるほど。すると残りの4点はどうすれば埋まるかな？【O】

部下 時間を取るだけで、中身が薄い気がしていて、お互い黙ってしまう時間も多くて……。

上司 では、どうすれば2人で中身の濃い振り返りの時間にできるだろうね？【O】

部下 う～ん。あとで振り返りで活かせるように、最初に目標設定しておくとか。

上司 いいね！　何を設定しておく？【W】

部下 今日気づいたことや、わからなかったこと、昨日より成長できたこととか……。

上司 いいね！　それ、いつからやりたい？【W】

部下 さっそく明日からやってみようと思います！
なんかすっきりしました！

語りかけるリーダーシップ

❶ 論理を超越し、感情を揺さぶるストーリーの持つ「5つの力」

人類は、遥か有史以前から数千年にわたってストーリーを語り継いできました。狩猟時代には、夜、猛獣から身を守るために火を焚き、囲み、自らの体験や部族の冒険談、神話的な話、教訓、戒めなどの「ストーリー」を子々孫々、脈々と語ることで、集団の規範、DNAを継承し、生きるための行動に活かしてきました。

こうした「ストーリー」には、ロジックによる「理解」を超えた、聞き手の「共感」や「想像」を掻き立て、感情に訴えかける不思議な力があります。以下、ストーリーが持つ「5つの力」を紹介します。

①ストーリーは「共感」に火をつける

人は、なぜ共感するのでしょうか？　優れた論理や綺麗に押し並べられた正論では、人の心は動きません。共感は読んで字のごとく、話し手と聞き手の感情の共有で起こります。ストーリーには課題や理想の「事実／情報」と、それが実現されたときの「感情／イメージ」が合わせて織り込まれており、それによって共感が起こりやすくなります。

②ストーリーは「文脈」を共有する

ストーリーが箇条書きの文章やスライドと異なるところは、豊かな前後の文脈や間《ま》が生まれることです。この文脈や間があることで、聞き手の想像力がさらに掻き立てられ、ストーリーの世界に引き込まれ、その物語を実現していく上での聞き手のエネルギーを引き出すことにもつながります。

③ストーリーは「内省」を促す

ストーリーは、「これをせよ！」と聞き手に指示するものではありません。どんな意味を受け取るかは聞き手に開かれているため、一定の解釈の自由度があります。聞き手には立ち止まって考える心の余裕が生まれ、物語が投げかける問いを自分なりに咀嚼し内省することができます。それが聞き手の既存の認識の仕方に影響を与え、思考や行動の変容につなげることができます。

④ストーリーは「多様な視点」を与える

ストーリーは、多様な視点から語られることで聞き手にインパクトを与えることが可能です。個人が知覚する身近な存在として、「私」や「私たち」がありますが、「私」の視点からは、個人的な体験を自己開示することで、聞き手に親密感と心のつながりをもたらします。「私たち」の視点からは集団が分かち合っている体験や、人々を結びつけている価値観を実感させることもできます。

⑤ストーリーは「感染」する

優れたストーリーは、集団や社会に感染し、広まります。かつて瀕死の状況にあったApple社が97年に打ち出した「Think different」というキャンペーンCMを記憶している方も多いのではないでしょうか。このCMは、Apple社が製品ではなく、自社のDNAを「ストーリー」として伝えた、今見ても画期的なCMです。キング牧師やガンジー、ジョン・レノンといった時代を超えた著名人や偉人が登場し、メッセージが読み上げられるだ

Apple社のCMメッセージ

クレージーな人たちがいる。
反逆者、厄介者と呼ばれる人たち。

四角い穴に丸い杭を打ち込むように、物事をまるで違う目で見る人たち。
彼らは規則を嫌う。彼らは現状を肯定しない。
彼らの言葉に心を打たれる人がいる。
反対する人も、称賛する人も、けなす人もいる。
しかし、彼らを無視することは誰にもできない。

なぜなら、彼らは物事を変えたからだ。
彼らは人間を前進させた。
彼らはクレージーと言われるが、私たちは天才だと思う。

自分が世界を変えられると本気で信じる人たちこそが、
本当に世界を変えているのだから。

けのシンプルなＣＭですが、瞬く間に感染し、翌98年には革新的で色鮮やかなＰＣ「iMac」を発売し、Apple社は捲土重来を果たします。まさに「ストーリー」の力で社内外に影響力を与えた好例です。

❷聞き手が奮い立つ、パワフルなストーリー語りの「5つのメソッド」

聞き手の心をわしづかみにし、思わず行動に駆り立てるパワフルなストーリーを語るための「5つのメソッド」を紹介します。

①ストーリーは、自分のワクワク（情熱）からはじめる

他人を感動させるには、まず自分自身が一番、感動していないといけません。言っていることと、信じていることが一致していない状態では、他人に影響を与えることはできないからです。自分がどんな情熱に突き動かされているのか、心が躍り、震える、自分の信念に基づいた、太い軸を自分の中に持ちましょう。

②ストーリーで自分をさらけ出し、目標にコミットする

ストーリーは、綺麗に着飾った言葉で話す必要はありません。どんな人も、リーダーの個人的な体験や失敗談、弱さに親しみを覚えます。もともと話し手と聞き手の間には目に見えない距離がありますが、リーダーが自らをさらけ出すことで、聞き手はストーリーに

自分を重ね、強いつながりを感じてくれます。また、ストーリーを語ることになった原体験や出来事を打ち明け、さらには覚悟を示す目標へのコミットを、リーダー自らが最初に行ないましょう。

③ストーリーは、障害・葛藤を扱う

人々が物語を愛するのは、障害や葛藤のハードルを乗り越える「変容」という、ひとつの道筋があるからです。

身近な人が自己変容を成し遂げたのを見たときに、自分にもそれが可能かもしれないという希望が立ち上がることがよくあります。たとえば、ジムのCMにダイエットで大変身を遂げた人が登場すると、「えっ、あの人が!?」と刺激になるように、「苦闘と救済」は人類共通の心に刺さるテーマであり、物語に欠かせない要素なのです。

④ストーリーは、聞き手の存在を理解して組み立てる

ストーリーは話し手だけのものではなく、聞き手との相互作用によって命が吹き込まれ、発展します。ゆえに、聞き手の現状や状況を理解した上でストーリーを組み立てることが必要です。いきなり変化を強要するのではなく、現在への感謝や承認を行ない、その上で

変化の必然性を訴える配慮も、ときには求められます。

⑤ストーリーは、その場から創る

ストーリーには、繰り返し語ることで新鮮さが薄れたり、語り手の慣れによる慢心が生まれるリスクがあります。常に新鮮で、心地よい緊張感を持って話すためには、テープレコーダーのように繰り返し同じ話をするのではなく、当日の参加者の興味・関心からはじめてみたり、彼らの反応によって伝え方や話の配分を変えてみるなど、そのとき、その場で起こっていることをリソース（資源）として活用することも重要です。

❸ストーリーの黄金則「ヒーローズ・ジャーニー」を使って物語る

ハリウッドの映画監督が好んで使うパターンに「英雄の旅（ヒーローズ・ジャーニー）」があります。これは、アメリカの神話学者ジョーゼフ・キャンベルが、世界の神話を研究する中で共通点を見出し、法則化したものです。世界のどんな神話にも共通するストーリーがあり、登場するヒーローたちは、その流れに沿って幾多の苦難を乗り越え、最終的に故郷に帰還するというもので、ハリウッドの映画では、「スター・ウォーズ」や「指輪物

『英雄の旅』ヒーローズ・ジャーニーの流れ

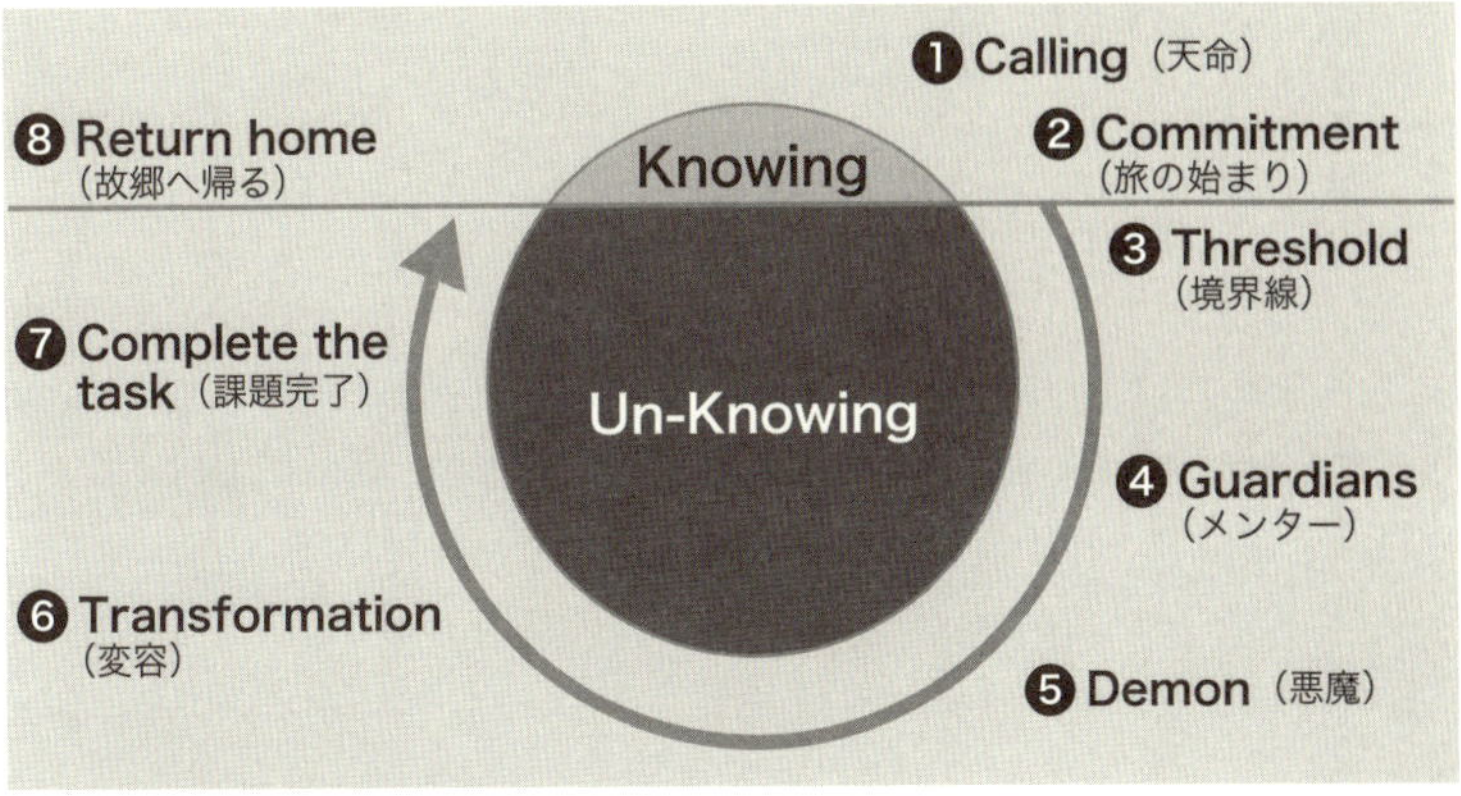

導入部
（きっかけとなる出来事）

❶ **Calling**（天命）
天命を聴く

❷ **Commitment**（旅の始まり）
天命に従う

中間部
（葛藤や障害との闘い）

❸ **Threshold**（境界線）
分岐点を越える

❹ **Guardians**（メンター）
守護者が見つかる

❺ **Demon**（悪魔）
トラブル・試練に遭う

結末
（目標達成と経験からの教訓）

❻ **Transformation**（変容）
試練を自分の資源（リソース）に変える

❼ **Complete the task**（課題完了）
試練を克服し、天命を全うする方法を見つける

❽ **Return home**（故郷へ帰る）
英雄として帰還する

語」なども、この法則にのっとって創作されたと言われています。

単純化して言えば、「導入部」で共感できるきっかけとなる出来事が発生し、主人公が冒険に旅立ち、「中間部」で絶望的な逆境に会い、決意の固さを試され、課題と向き合い、「結末」で目標を達成し、冒険を通して生まれ変わるというストーリーです。

ビジネスの場でリーダーが何かを語る際にも、ヒーローズ・ジャーニーのフレームが使えます。左の図を参考にしてください。

ストーリー例

課題：専門性の高い職人集団で、メンバー同士の興味関心が薄い。お互いに協働して新たな価値を生み出せるように「共創」をテーマに話をしたい場合

①話のテーマ：今日は、今期の新たなテーマ、「共創」について話したい

②話のきっかけ：先週、久しぶりに1日オフィスにいる機会があり、そこで残念に感じた出来事があった。電話が鳴っているのに誰も出ないことだった

③直面する危機：このままの状態が続くと自分も含め、互いに助け合うことのできない、自分の仕事にしか興味の持てない職場になってしまうリスクもあるのではと感じた

ヒーローズ・ジャーニーのフレームで物語る

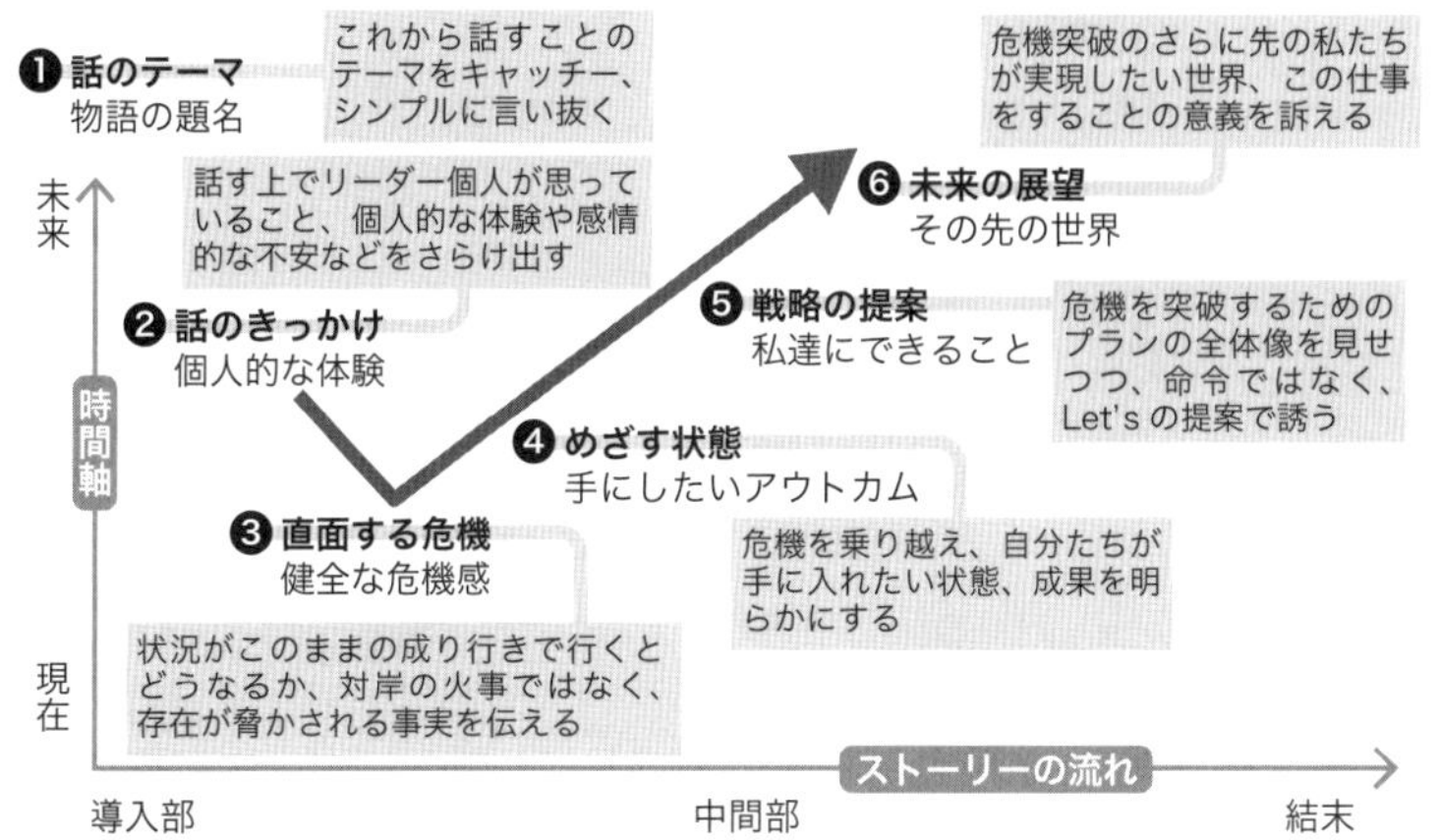

④**めざす状態**：お互いが、ちょっとしたことでも雑談できるような遊びのある状態を創りたい。遊びや間は、人間関係の潤滑油にもなるし、アイデアを生み出すことにもつながる

⑤**戦略の提案**：お互いの仕事状況がわかるよう、週に一度、状況の確認とサポートが欲しいこと、伝えたいナレッジを共有する場を設けたいと思っているが、皆はどう思う？

⑥**未来の展望**：「月曜日に会社に来たくなる」ような職場をみんなで創りたい。力を貸して欲しい

小噺◆10

絵とストーリーで悟りの本質を伝える「十牛図」

9世紀後半に中国で作られた、禅の悟りをイメージで理解させる十牛図。悟りという難解極まりないことを、絵とストーリーの力で伝えてしまう秀逸なものです。絵なので解釈は人ぞれぞれですが、悟りに至るプロセスを、牛を捕まえる物語にたとえて、段階的に描いたシーンが示されています。個人的には、8番目の無の空白にハッとさせられます。まさに視点が変わるプロセスですね。

尋牛《じんぎゅう》：牛を尋ねて自己発見の旅に出る

見跡《けんぜき》：牛の足跡を発見し、喜び勇んでさらに進む

見牛《けんぎゅう》：とうとう岩陰に隠れている牛を発見し、逃げないようにそっと近づく

得牛《とくぎゅう》：牛を捕まえたものの飼い慣らすのは難しく、逃げようとする牛と格闘する

牧牛《ぼくぎゅう》：慣れてきて牛も素直に従うようになる

騎牛帰家《きぎゅうきか》：心の平安が得られ、横笛を吹きながら家路につく

忘牛存人《ぼうぎゅうぞんしん》：家に戻って小屋に牛を入れると、牛を捕まえてきたことを忘れる

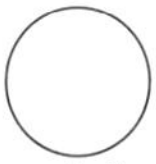

人牛倶忘《じんぎゅうぐぼう》：何もない世界。捕まえた牛を忘れ、捕まえたことも忘れる。忘れることもなくなる世界

返本還源《へんぽんかんげん》：何もない無垢の世界から、目の前にある、日常のありのままの世界が目に入る

入鄽垂手《にってんすいしゅ》：再び世俗の世界に入り、自分が人々に安らぎを与え、悟りへ導く役割になる

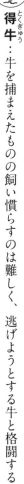

職場で実践！「問う、語る」ための対話の場づくり

❶「他己紹介インタビュー」でポジティブな場を作ろう！

人は、客観的な事実の世界に生きているのではなく、自ら解釈し意味づけた世界の中で生きていると捉える「社会構成主義」という考え方があります。

たとえば、営業成績が振るわず、自信喪失している人がいたとします。こういった場合、実際にその人の営業力があらゆる点で他者より劣っているというよりも、「『自分は営業に向いていない』という物語」に沿うような、幼少期からのエピソードを自ら選択し、営業への不適性さを自己評価している可能性があるのです。

その「物語」を作った人は、未来のキャリアの選択肢から営業職を外すかもしれませんし、人づき合いの多い職業を避けたり、自分が人を率いるポジションに立つことに無意識

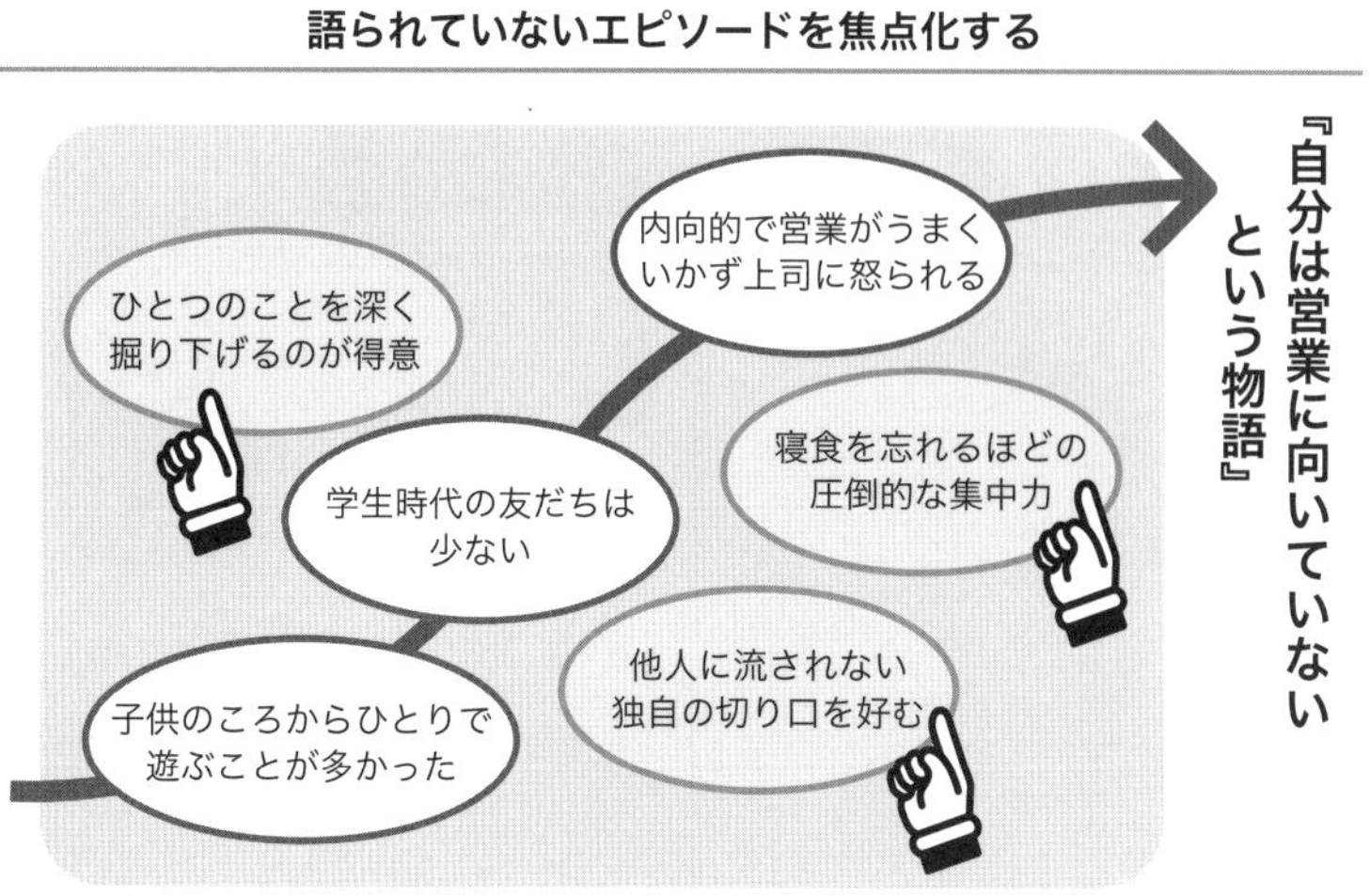

に距離を置くかもしれません。しかし、実は同じ人が持つ過去のエピソードに、「ひとつのことを深く掘り下げることが得意」だったり、「発想にオリジナリティがある」など、選択されていないものが必ず隠れています。

この語られていないエピソードに光を当てて、自信を取り戻す。自身の新たな一面に気づき、その気づきを参加者同士で分かち合うことで場の肯定感を高めることができるのが、社会構成主義の考え方を土台にした「他己紹介インタビュー」です。

語られていないエピソードの中から、新たな自分を作るリソースを探すには、「問い」の切り口を変える必要があります。

自分が子供のころから大好きだったこと、夢中になったこと、今の会社を選んだ理由、

参考ワークシート

他己紹介ヒアリングシート

Q1. 子供のころのあだ名(ニックネーム)は？

Q2. 子供のころ何して遊んでた？

Q3. 学生時代、どんなことに夢中になっていた？

Q4. 学生時代のやんちゃな体験は？

Q5. 入社の動機は？

Q6. 会社に入ってからの最大の失敗は？

Q7. 仕事でいちばん嬉しかったときのこと

Q8. 将来やってみたいこと(仕事・プライベート問わず)

他己紹介欄. ○○さんは実はこんな人！

＿＿＿＿＿＿＿＿＿さんは、実は・・・・

・・・な人なんです！

将来の野望など、イケてない自分以外を焦点化する問いを立て、他者によるインタビューで引き出してもらうのです。

そして新たな視点を得るためには、一連のインタビューが終わったあと、自分で解釈するのではなく、質問者に「○○さんは、実は○○な人なんです！」と総括的なコメントで他己紹介してもらいます。すると、自分では解釈や意味づけのできなかった新しい自己がその場に立ち上がり、互いに紹介し合うことで、場に肯定的なエネルギーが醸成されます。

簡単ですが、とてもお勧めできる手法です。

❷「ポジションチェンジ・ダイアログ」で立場を超えた納得解を作ろう！

絶対解や優先順位のつけにくいテーマを題材に扱いたいときに行なうダイアログを紹介します。トップからの一方的な方針伝達で終わらせず、集団としての腹落ち感を生み出したいときに有効な手法です。

ＮＬＰの共同開発者ロバート・ディルツ氏は、人にはコミュニケーションを取る知覚位置として４つの視点、①当事者の視点、②相手の視点、③観察者の視点、④システム全体の視点があると言います。

当事者（私「I」）の視点：自分の視点、前提に立ち、自分の目から外側の世界を見る
相手（あなた「You」）の視点：相手の視点、前提を通して外側の世界を見る
観察者（彼ら、彼女ら「They」）の視点：自分と相手以外の第三者の視点に立つ
システム全体（私たち「We」）の視点：①〜③の視点が統合され全体視点に立つ

人は通常、①の視点に立っており、②「You」、③「They」、④「We」の視点に立つことは立場や視点が変わらないと難しいものですが、組織を変革するには、視点、つまりメンタルモデルの変更が不可欠です。この視点変更を対話によって行なうのが、私たちが考案した「ポジションチェンジ・ダイアログ」です。

この対話は4ラウンドで構成され、文字通り、知覚位置を「I」→「You」→「They」→「We」と変更しながら、最終的には全体統合するプロセスをたどります。ラウンドごとに立ち位置（ポジション）を変えていくので、椅子に座らずに立ったまま進めます。

私の職場でこの対話を行なったときは、実施前に次のような課題がありました。

仕事をする上で大事にしたい4つの判断基準「健康と家族」「コンプライアンス」「顧客」「組織」の優先順位を経営側が定めたものの、これを決定事項としてそのままメンバ

ポジションチェンジ・ダイアログ

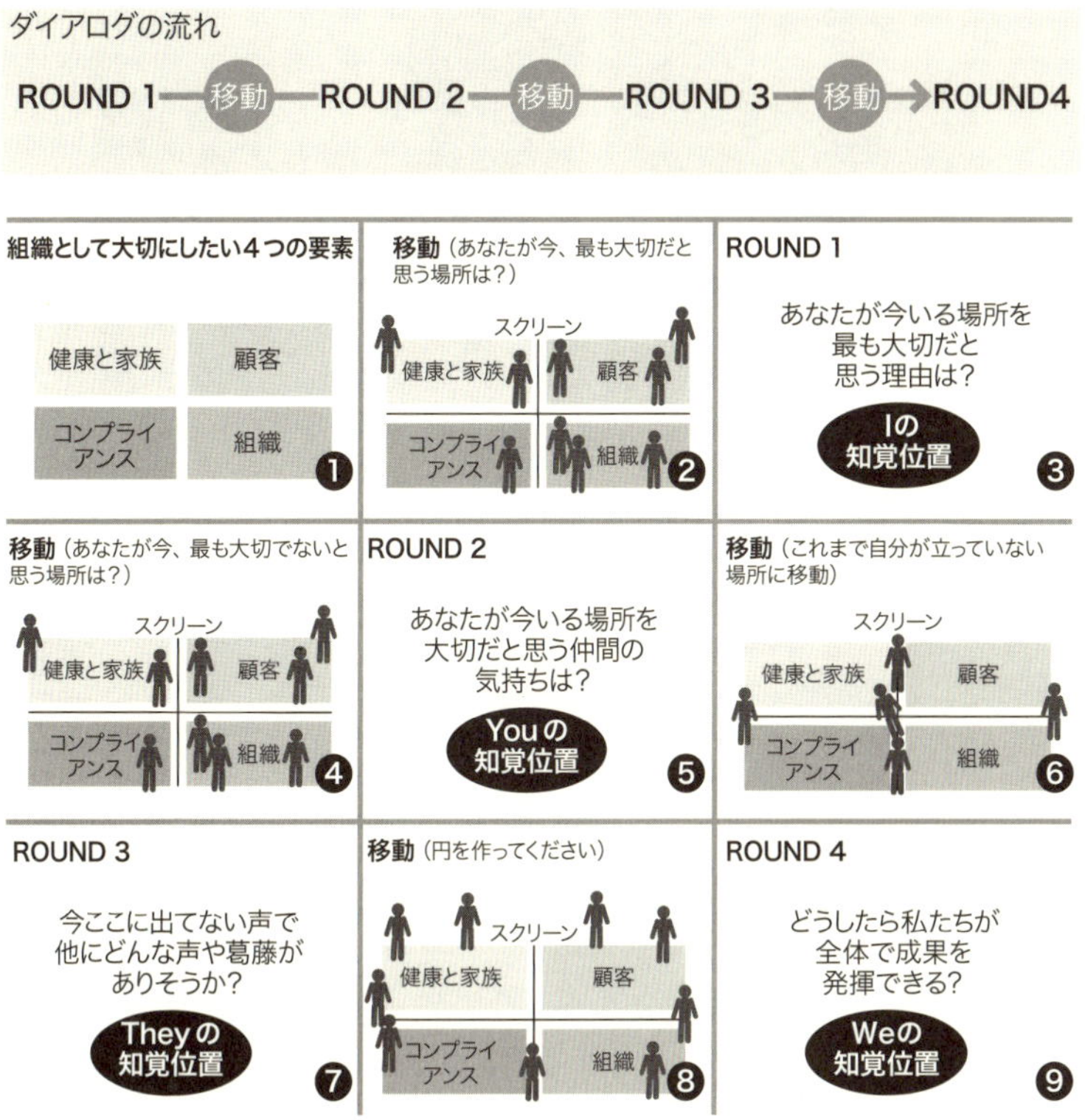

職場で「ポジションチェンジ・ダイアログ」をしている風景

ーに伝えても、そもそも優先順位の捉え方が個々人で異なっていたり、各判断基準へ向き合う距離感や温度感にもバラツキがある。

そこで、ポジションチェンジ・ダイアログを実施したのです。

それぞれの知覚位置を前ページ図の順番で変え、全員で対話することで、最終的には皆で納得解を得ることができました。今でもこの指針の順位は、私を含めたメンバーの心に刻まれていて、判断する際に活かされています。

❸「ストーリーテリング・ダイアログ」で個人と会社のビジョンを重ねよう！

どの会社にも、大切にしたいビジョンや自分たちが置いている自己定義があります。このビジョンが、立派な額縁に収められ、意図や背景、自分の行動とのつながりを意識することなく、毎朝、お決まりのように唱和するお題目ではいけません。一人ひとりがその意味を自分なりに深く理解し、実現に向けて当時者として行動できるような、正のエネルギー循環を組織で起こすことが必要です。トップダウンによる一方的な「ビジョン訓示」に忠誠を誓わせるのではなく、メンバー間でビジョンに対する捉え方の共通点を見出し、成長に向け約束し合える関係性を育めるのが強い組織であり、それを実現するひとつの手法が、これから紹介する「ストーリーテリング・ダイアログ」です。

メンバーが、組織のビジョンや自己定義をどう捉えているのか、一人ひとりのストーリーに真摯に耳を傾け、共鳴し、響き合うプロセスを描くこと、会社のビジョンと個人のビジョンのつながりを確認することができれば、組織として強固な土台を築けます。

私が所属している（株）リンクイベントプロデュースは、自社の自己定義を「ライフイベント屋」と置いています。あらゆる組織には、変革のきっかけとなる節目、ライフイベント（周年記念行事、新中期経営計画発表、ビジョン刷新・浸透、事業承継、表彰、社員旅行など）が存在し、私たちはそうした節目で、企業と個人のさらなる成長を促進する対話型の組織開発を事業として行なっています。私たちも会社の規模が大きくなり、扱うテーマも多岐にわたるようになると、自分たちの自己定義が薄れてきた感覚がありました。そこで今一度、大切にしている自己定義に立ち戻ること、一人ひとりがその定義を理解、共感して明日からの行動に活かすことを狙いとして、対話の場を設けました。

後述のストーリーテリングの観点でまとめたワークシートを使ってたな卸しを行なった上で、部門をシャッフルし、いつもあまり話さないメンバーと互いのストーリーを聴き合う場を作ったのです。会社支給の軍資金3000円を種銭に火（鍋）を囲んで語り尽くしたことで、仕事に対する互いの想いや価値観が響き合い、これまで見えなかった集団としてのコンテクスト（文化の共有）が生成されるなど、結果として「ライフイベント屋」という自己定義があらためて各自に腹落ちし、組織としての一体感を高めることにつながりました。

ストーリーテリング・ダイアログの実施風景

ストーリーテリング時使用シート

■【ワークシート】　名前：広江朋紀

<Point①>　私が考えるライフイベント屋とは？

組織と個人が非連続な成長に向けて、
これまでとこれからを分かつようなターニングポイントとなる節目を顧客と共創する仕事

<Point②>　上記の解釈に至ったストーリーは？

ストーリーテーマ　『自己定義が変わった、組織開発案件』

状況設定（Setup）
某社様の案件。ＩＰＯ後、経営層間の信頼関係が不足してきた状況で「関係の質」向上を目的とした依頼が入る

葛藤（conflict）
どのようにすれば、高い期待に応えられるのか？一過性のイベントではない場の設計に思いあぐねる。

解決（Solution）
新経営チームと半年間の伴走。マインドセットと行動変革に寄与する新たなプログラム開発とデリバリーを実施。

<Point③>　今後の展望は？（今の仕事に活きていること・今後チャレンジしていきたいこと）

汎用性の高い、職場の関係性、対話型組織開発の代表的モジュール群を開発し、競争優位性を確立。
点で終わる「イベント屋」から脱却し、線、面、にダイナミックに展開する全社運動論型組織開発をさらに推進。

小噺◆11

組織変革の４象限モデルが示す対話の有効性

ウィルバーの変革の４象限モデル

現代思想家のケン・ウィルバー氏は、我々を取り巻く世界を統合的に捉える視点を提言しています。あらゆる現象を内的（主観的）／外的（客観的）、個人／集団の4つの切り口で世界を包括的に見ていく「インテグラル・アプローチ」です。

私はコンサルタントとして、これまで多くの企業と関わらせていただきましたが、組織を変革しようとするとき、多くの企業で外的側面から入る傾向があります。対象となるメンバー層のスキル、パフォーマンスを高めるための研修を行なったり、（個人／外的：第2象限）、意思決定のスピードを速めるために組織構造をフラットに改変したり、アイデアが出やすいように、新たな提案制度を設けたり（集団／外的：第4象限）。その後、個人の意識やマインドに働きかけるために、コーチングやメンタリング、360度サーベイによるフィードバックなど（個人／内的：第1象限）を行ないます。

しかし、残りの第3象限（集団／内的）に効果的なアプローチをしかねている企業が多く見受けられます。個人にスキルを付与したり、マインドを高め、仕組みを整えることには力を入れても、チーム内の関係性を強化したり、組織が燃える集団として一枚岩になるための術が後手に回っていることが多いのです。

この第3象限を高めるひとつの有効な施策が、本章で扱ってきた「対話」です。組織の皆で、ありたい姿やそれに向けた行動について語り、批評し、提案し、共鳴し、選択するなど、対話の力で集団の内面に働きかけていく。地味で即効性には欠けるかもしれませんが、じわじわと漢方薬のように内側から効いてきます。「対話の力」を信じましょう。

The meeting of two personalities is like the contact of two chemical substances : if there is any reaction, both are transformed.

「二つの人格が出会うことは、二つの化学物質の接触に似ている。もし何か反応が起これば、両者とも変容する」

Carl Gustav Jung　カール・グスタフ・ユング

スイスの精神科医・心理学者（1875－1961）

4章 手：つなぐ Connect

【概要】

優れたリーダーは、条件反射的に目の前にある事象から問題解決を急ぐのではなく、「つながり」で捉え、真因を発見しようとします。また、変革を進める際に抵抗勢力となる反対者を排除せず、同志としてつながり、変革の実効性を高めたり、自身の人脈（つながり）を広げる努力を怠りません。新しいアイデアやイノベーションは、組織の境界線を越えた専門や経験、視点の異なる多様な人々との出会いから生まれることが多く、そうした関係性の土壌を耕し、智慧や洞察を得て組織をさらに進化させることが、リーダーの役割として必要になってきます。本章では、そのための技術を職場での実践例も踏まえてお伝えします。

リーダーに必要なシステムを活かす力

❶ 物事をつながりで捉える力
～「因果」「循環」「クリティカルパス」

左のイラストをご覧ください。「近くの壁が邪魔」という、目の前の問題だけを見て排除しようとすると、最終的に自分に返ってくることを意味する絵で、「システム思考」を説明する際によく使われる風刺画です。

もし、この絵の当事者に全体のつながりが見えていれば、目の前の壁を押すことはしないでしょう。物事を「つながり」で捉えるには、次の3つの観点が必要です。

①「因果」で捉える

つながりを考えるときのポイントは、目の前の出来事のみを捉えるのではなく、どんな原因があって、結果として問題が起こっているのか、また今の問題は、他にどんな問題を誘発しているのかを考えることが有効です。また、急激な変化（強弱、増減）には、何かしらの真因が隠れていることが多いので、常に因果を捉えるようにしましょう。

②「循環」で捉える

物事にはよい循環もあれば、悪い循環もあります。複数の現象が循環するサイクルになっていないかを見ることも必要です。たとえば、味のおいしさが売りのラーメン屋さん。行列ができるほどの人気で売上が拡大し、それに合わせて暖簾分けし、急に出店数を増やすと、味にバラツキが出て、サービスが行き届かず、顧客離れがはじまるなど悪循環がまわり出します。好循環を止めないために何をすべきかを見極め、手を打つことも必要です。

③「クリティカルパス」を捉える

クリティカルパスとは「重大な経路」の意味で、プロジェクトを進める上で障害となるボトルネックを指します。流れが止まるとシステム全体のスケジュールが滞ってしまうことなるため、複数の人や部門で協働する際には、リーダーはあらかじめ、どこがクリティカルパスになりそうなのかを見極め、有事の際の適切な資源投入の手立てを考えておくことが求められます。

❷「抵抗勢力」とつながる力 ～イレブン∨サポーター∨フーリガン∨野次馬

何か新しいことをはじめようとしたり、従来のものを刷新するようなとき、必ずと言っていいほど現われるのが抵抗勢力です。しかし、抵抗勢力を排除してコトを進めようとすると、その瞬間は勢いで押し切ったとしても、後から横槍が入ったり、結果的に抵抗勢力が増大し、リベンジにあったりします。私は組織開発のコンサルタントとして「事務局」の皆さんと変革を進める中で、何度もそうした苦い経験をしてきました。そうならないためには、最初から抵抗勢力を巻き込んで進めることが必要です。

左ページの図は、「変革への取り組み姿勢の積極度」と「組織への影響力の強さ」をサッカーのメタファーで2軸4象限で示したものですが、コアメンバーの「イレブン」とだけで進めていると、どうしても他のメンバーとの温度差が生まれてしまいます。ゆえに「イレブン」だけでなく、「サポーター」も「フーリガン」も「野次馬」も一定数、入って

「変革への取り組み姿勢」と「組織への影響力」

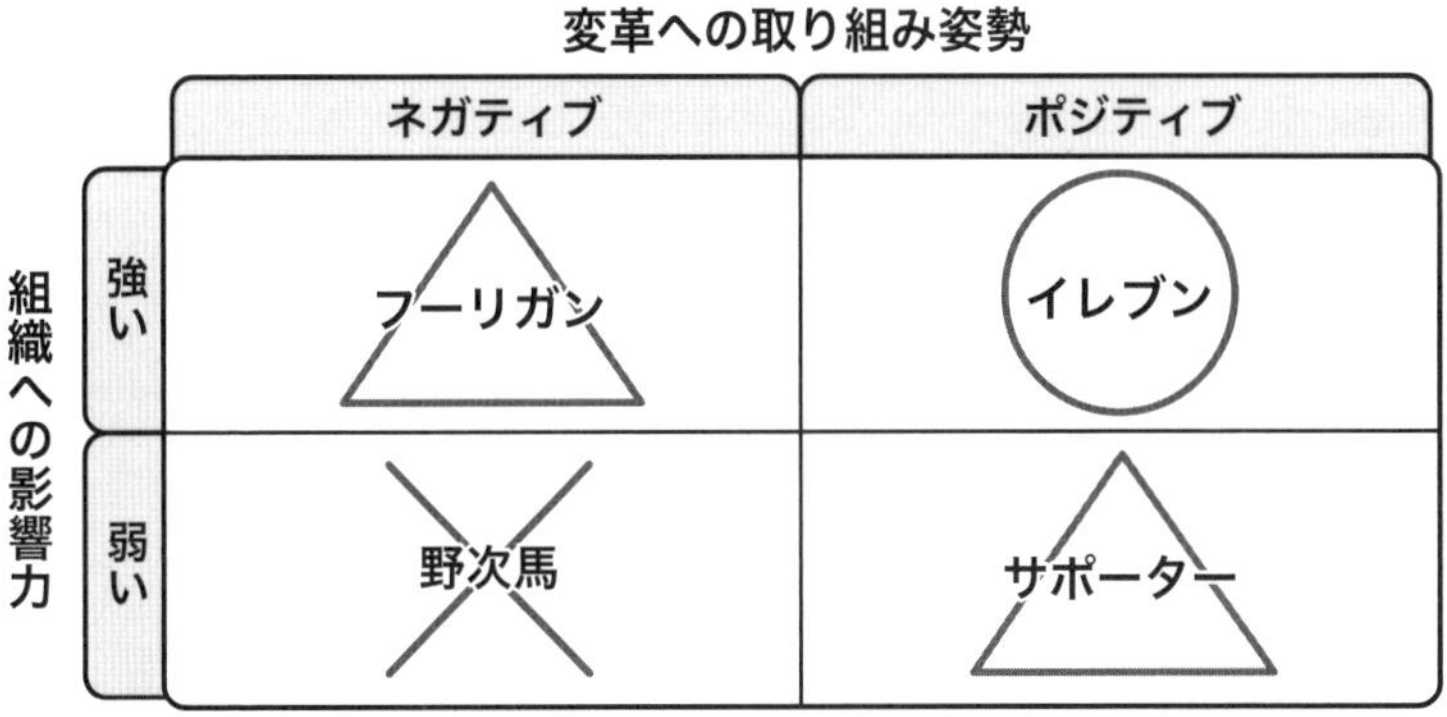

■参考（推奨メンバー比率）　イレブン（4）＞：サポーター（3）＞：フーリガン（2）＞：野次馬（1）

もらったほうがいいのです。

特に重要なのが、変革に対してネガティブで、かつ周囲への影響力の強い「フーリガン」といかにつながりを築くか。その際に有効な観点が、ハーバード・ロースクールで教鞭をとるロジャー・フィッシャー氏とダニエル・シャピロ氏が提唱する5つの核心的な欲求です。

「価値理解」「つながり」「自律性」「ステータス」「役割」の5つの欲求に効果的に対処できれば、自分にも相手にもポジティブな感情を生み出すことができるとされています。抵抗勢力には、抵抗するだけの「正義」があり、そこを無視せずに、欲求に寄り添いながら支援を求めることで、より理解や協力を得

「フーリガン」を味方につけるために意識したい「5つの核心的な欲求」

核心的 な欲求	無視されている場合	満たされている場合
価値理解 Appreciation	自分の考え方、思い、行動に価値がないとされる	自分の考え方、思い、行動によい点があると認められる
つながり Affiliation	敵として扱われ、距離を置かれる	仲間として扱われる
自律性 Autonomy	意思決定をする自由が侵害されている	相手が自分の意思決定の自由を尊重してくれる
ステータス Status	自分の置かれた位置が他者の置かれた位置よりも劣っているような扱いを受ける	自分の置かれた位置がそれにふさわしいものとして認められる
役割 Role	自分の現在の役割とその活動内容が個人的に満足できるものではない	自分の役割とその活動内容を満足できるものと定義している

られやすくなります。

組織への影響力が強い反対者（フーリガン）を味方につけることができたら、こんなに心強いことはありません。もし彼らの存在に手を焼いているのであれば、5つの欲求をあなたが無視していないか、それを満たすために他にできることはないか、検討してみましょう。

❸ 多様なつながりからアイデアを輸入する力

国連による推計では、2050年までに日本の100歳人口は100万人を突破する見込みとされています。合わせて雇用環境も一変し、人生100年ライフを生きる上で、生き方、働き方に新たなステージが現われ、今までの常識が通用しなくなると言います。そうした環境変化の中、ロンドン・ビジネススクール教授のリンダ・グラットン氏は、可能性を広げる新しいシナリオを描くために3つの資産を蓄えておくことが必要だとしています。ひとつめはスキルや知識が主たる構成要素の「生産性資産」、2つめは肉体的・精神的な健康と幸福の「活力資産」、3つめは多様性に富んだ開かれた人脈の「変身資産」で、中でも、活力と多様性に富むネットワークを築いている人ほど、キャリアの円滑な移行を遂げやすいとしています。

また、斬新なアイデアや自分にはない思考様式は、自分の所属する集団の規範以外の人との交流を通じて発見されやすく、ある集団では常識の考えが、別の集団では非常識で型破りな考えと見なされていることはよくあります。

「弱い紐帯の強み」という理論を提唱したアメリカの社会学者、マーク・グラノヴェッターは、強い紐帯、親密で近接なネットワーク（肉親や親友、同僚、チームメイト）ではない、弱い紐帯（あまり親しくない知り合い、最近会ってない友人、遠い親戚）との結びつきを大事にすべきだと提言しました。

その理論では、強い紐帯は生きていく上でかけがえのない存在であるものの、弱い紐帯のほうが、新しいアイデアや智慧を集団にもたらしてくれると論じています。考えてみても、いつも一緒にいる似た者同士のメンバーとの間では、掟破りのブレイクスルーが起こるような突き抜けたアイデアは、なかなか出ないものです。

インターネットオークションeBayの創業者、ピエール・オミダイア氏も自分たちとは違う人と会うことの有効性をこう言っています。

「意外な場所から出たアイデアを大事にしている」と彼はいう。「合い言葉にするなら、『CEOより、郵便係と話したい』って感じかな。自分とは違う背景、考え方を持つ人とこそ出会いたい。とにかくいろいろな思考方式に触れたいんだ。決まった方法にとらわれず、まったく自由なやり方で、さまざまな方面からインプットを得ている」

『イノベーションのDNA』クレイトン・クリステンセン他著（翔泳社）P133より

アイデアのよい盗み方・悪い盗み方

GOOD THEFT よい盗み方	HONOR 敬意を払う	STUDY 本質を学び取る	STEAL FROM MANY 大勢から盗む	CREDIT 権利を守る	TRANS FORM 作り替え	REMIX リミックス
VS.						
BAD THEFT 悪い盗み方	DEGRADE 作品を汚す	SKIM 表面をかすめ取る	STEAL FROM ONE 1人から盗む	PLAGIA-RIZE 権利を侵す	IMITATE ものまね	RIP OFF パクリ

『クリエイティブの授業 "君がつくるべきもの" をつくれるようになるために』オースティン・クレオン著（実務教育出版　2012年）より

だからこそ、リーダーは積極的に現在のネットワークの外に出て、新しい人や場所、環境に触れることで発想を広げ、自組織に新たなアイデアをもたらす「アイデアの輸入業者」になりましょう。

「アイデアの輸入」をするときに知っておくといいのが、アーティストで作家のオースティン・クレオン氏の、アイデアのよい盗み方と悪い盗み方の区別（図参照）です。誰かのアイデアをそのまま盗んで使うのではなく、背後にある思想を盗んで改良することで、さらにアイデアが発展するのです。「思想」「型」「形」とあるうち、「形」だけの盗みは再現性に乏しく、発展しない上にオリジナルの本家に失礼です。「形」の上位にある「型」「思想」にまで昇華させた上で「盗み」を働くのがGood Theft（よい盗み方）であり、賢いアイデアの輸入業者なのです。

小噺◆12

リーダーは外に出よ！「知識のネットワーク」を広げよう

かつて、米国トヨタの社内教育機関、ユニバーシティ・オブ・トヨタでアドバイザーを務めていたマシュー・E・メイ氏は、外部と交流し「知識のネットワーク」を築くこと、すなわち他人の才能を活用し、彼らのアイデアを自分のレパートリーの中に取り込むことが、生産性と商業的価値を高めることにつながると言っています。それを視覚化したものが左図であり、つながりの強さに応じて3段階のレベルに分けることを推奨しています。

色の薄い一番外側のサークルには最も弱いつながりが、内側に行くほどクオリティの高いつながりが示されるように分類、棚卸しをします。クオリティの高いつながりとは、自分が常に参考にしているつながりのことで、そこから受け取る情報や知識、アドバイスは卓越したもので、かつ、すぐにアクセスできるという特徴があります。

ここに属する仲間とであれば、レベルの高い会話ができたり、共同研究も可能で、複雑、不確実な状況でも前に進んでいくことができます。知識のネットワークの価値

知識のネットワーク

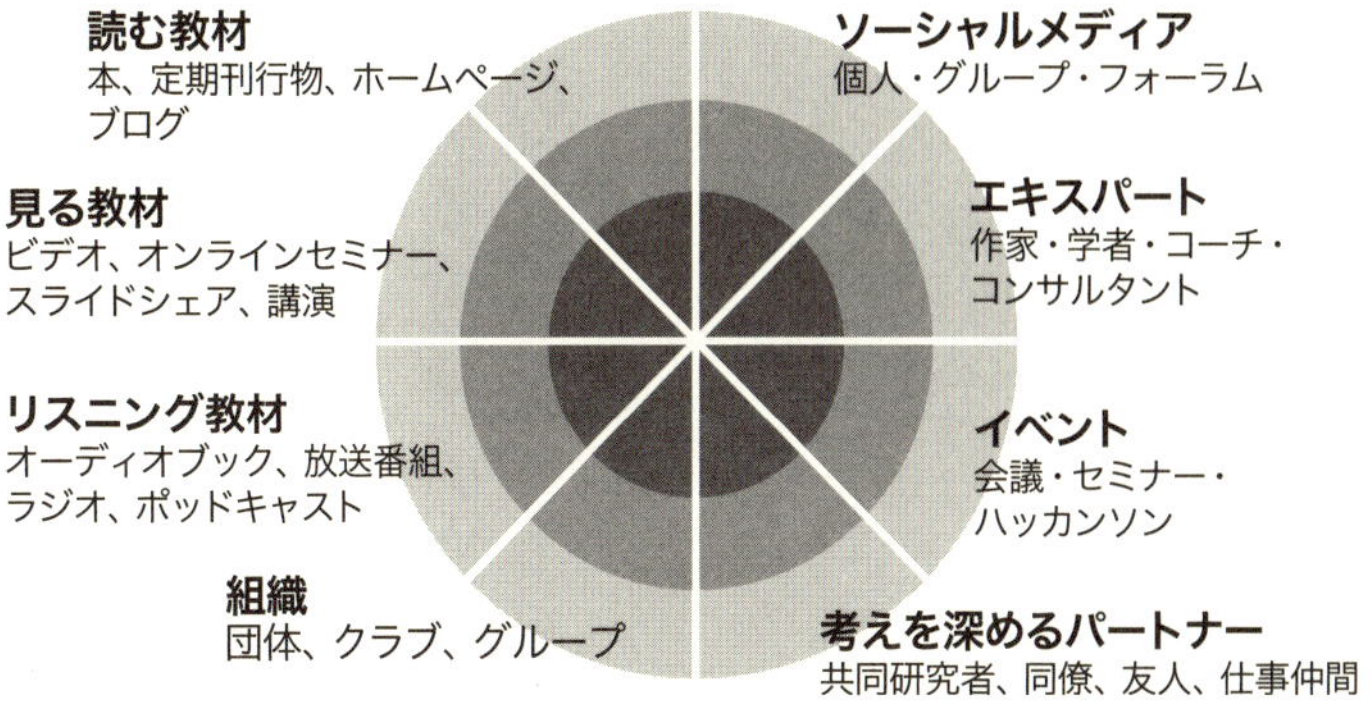

出典：『問題解決「脳」のつくり方』マシュー・E・メイ著（日本実業出版社） P.229より

を高めるには、内側の輪に分類される可能性のあるものと関係を深め、「つながって、開発する」ことの有効性を氏は説いています。

この図にしたがって、あなたのつながりのクオリティを分類してみてください。思わぬ傾向が見えてくるかもしれません。

リーダーは自分の会社内にとどまらず、積極的に大海に出て、クオリティの高いつながりを築きに行きましょう。

つながりの土壌を耕し、「！」が生まれる場を作ろう

❶「心理的安全性」のために関係性悪化の4つの危険要因を解毒する

アメリカのGoogle Inc.が実施した労働改革プロジェクト、プロジェクトアリストテレスは、チームが成功する上で最も重要なものは「心理的安全性」であると報告しました。心理的安全性とは、相手の顔色を窺ったり、反応に怯えたりすることなく、常に自然体の自分をさらけ出すことのできる環境や雰囲気のことを指します。

グーグル社の調査によれば、プロジェクト活動などのビジネスシーンにおいても、メンバーが本来の自分とは異なる〝仕事用の人格〟を演じることなく、普段通りのリラックスした状態で働いているチームの生産性が最も高かったそうです。

考えてみても、周囲に気を遣い、借りてきた猫のような偽りの自分を演じているチーム

では、生産性を高めることはおろか、新しいアイデアを思いつくことも、イノベーションを起こすことも難しいと容易に想像がつきます。

では逆に、心理的安全性が確保されていない状態とは、どのような状態なのでしょうか？

それを考える上で有効な視点が、アメリカにおける夫婦間研究の第一人者、ジョン・ゴットマン博士による「4つの危険要因」です。

博士によると、わずか5分間、夫婦を観察することで、これから幸福な結婚生活を送るのか、離婚の道を歩むのか、なんと91％の割合で正確さを予測できると言います。そして、夫婦関係のつながりに致命的な傷を負わせるものとして「4つの危険要因」があり、害の強さ順に非難、侮辱、自己弁護、逃避を挙げています。

この4つの要素は、つながりの最小単位の夫婦間のみならず、そのまま組織に置き換えても活用することができます。

❶非難 相手の性格、人格、能力を傷つけ、追い詰める

❷侮辱 皮肉たっぷりの言葉、冷笑、挑発、喧嘩腰の態度

❸自己弁護 弁解や言い訳、「問題は私にあるのではなく、あなたにある」という態度

関係性を悪化させる４つの危険要因（非難、侮辱、自己弁護、逃避）と解毒剤

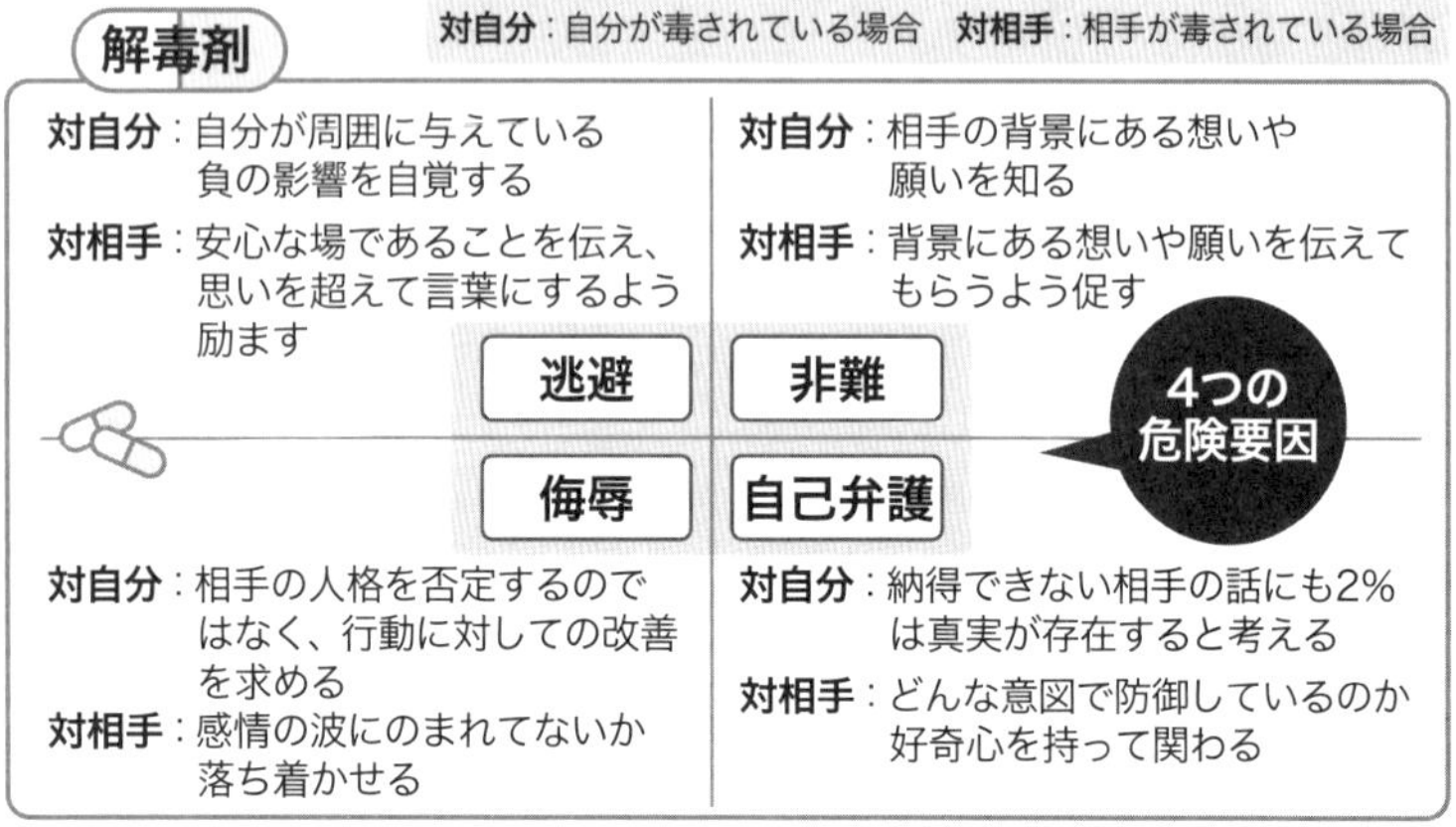

対自分：自分が周囲に与えている負の影響を自覚する **対相手**：安心な場であることを伝え、思いを超えて言葉にするよう励ます	**対自分**：相手の背景にある想いや願いを知る **対相手**：背景にある想いや願いを伝えてもらうよう促す
逃避	非難
侮辱	自己弁護
対自分：相手の人格を否定するのではなく、行動に対しての改善を求める **対相手**：感情の波にのまれてないか落ち着かせる	**対自分**：納得できない相手の話にも2％は真実が存在すると考える **対相手**：どんな意図で防御しているのか好奇心を持って関わる

❹逃避 対話を避ける、無視、聞く耳持たずの無感覚の石になる

自分の組織にこうした4つの危険要因が蔓延していないか、「心理的安全性」が確保されているかを確認し、もし危険要因が蔓延していれば、しっかり解毒しましょう。

解毒剤には、「対自分」と「対相手」とありますが、対自分は、自分が毒されているときにどう自分を解毒するかを指し、対相手は、相手が毒づいてきた際に、どう相手と関わるかを示しています。参考にしてください。

❷混沌と秩序の狭間でトライ&エラー可能なダンス・フロアを作る

私の妻の実家は、長野県で江戸時代から代々続く「りんご農家」（松橋りんご園）を営んでいますが、おいしいりんごを育てるには、定期的な肥料やりや葉摘み、摘果などの決まった世話と、一定時期、自然に任せて放っておくこと（土壌に含まれる微生物の働きでりんごの味がよくなる）のバランスを取ることが必要だそうです。

りんご作りに限らず、豊かな人材や革新的なアイデアを生み出す際にも、職場という土壌の存在は必要で、決まったルールや指示で統制するだけではなく、意図的に放っておくことで、多様性のある価値観や風土を職場に持ち込み、これまでにない成果につなげていくことが必要です。

VISAの創業者でCEOだったディー・ホック氏が「これからの組織は、カオス（混沌）とオーダー（秩序）の間を行くケイオード（Chaord）な組織でなければならない」と発した言葉から生まれたとされる「Chaordic Path：ケイオディックパス」（秩序と混沌の間の小径）という言葉を耳にする機会が増えてきました。

組織の創発につながりやすい「ケイオディックパス」

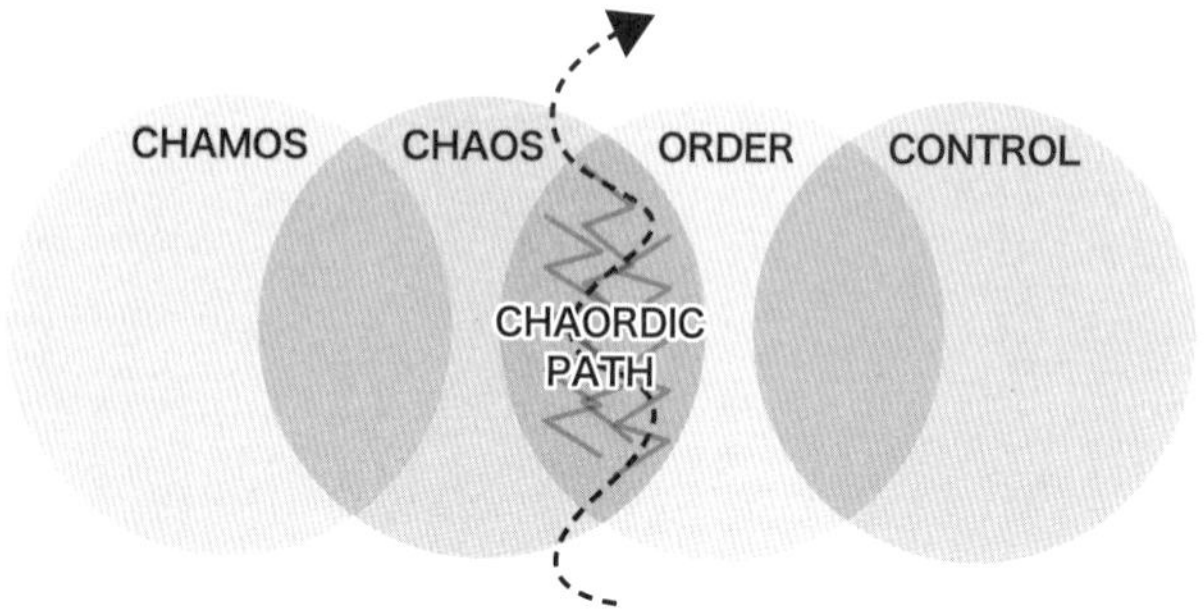

参考：『混沌と秩序 ― 世界有数のカード会社・VISAカードの組織改革』ディーホック著（たちばな出版）

世界中で行なわれている、参加型リーダーシップを学び、実践するトレーニング「Art of Hosting」（アートオブホスティング）でも、その概念が取り上げられています。

ケイオディックパスと呼ばれる、カオス（混沌）とオーダー（秩序）の間を歩むことが組織の創発とイノベーションにつながりやすいとされ、そのためには、上図のように、あっち（カオス）にもこっち（オーダー）にも立ち寄り、まるでダンス・フロアでステップを踏むかのように、行きつ戻りつしながら進みます。すると、その先で新たな気づきや、洞察が得られると言います。

カオスに寄りすぎると、生物が死滅するほどの破壊的なカオスである「ハモス」に入ってしまい、オーダーに寄りすぎると、トップからの強制やマイクロマネジメントといった息の詰まる統制（コントロール）で自主性を阻害され、支配されてしまいます。

リーダーは、自分の会社や率いる組織の現在の状態が、カオスとオーダーのどちら寄りなのかを見極め、劣勢なほうを強めていく必要があります。そして、どちらかに寄りすぎることなく、その狭間でメンバーが良質なトライ&エラーができる（ダンス・ステップを踏める）ような、ダンス・フロアを作ることが必要です。

具体的には、オーダーに寄りすぎていると感じるなら、リーダー自身の統制を弱める、メンバーへの権限委譲の機会を増やす、前例にない取り組みを奨励する、解の多様性を認める、などを行ないます。

逆に、カオスに寄りすぎていると感じるのであれば、混乱を避けるために、リーダーとして最低限の枠組みを示すこと、目的や納期、基準を示したり、組織の構造を情報が滞りなく流れるように設計し直すことなどが必要です。

あなたの組織は、どちら寄りですか？

❸チームで力がみなぎるフロー状態に入ろう！

活動の難易度・スキルレベルとフロー状態の関係

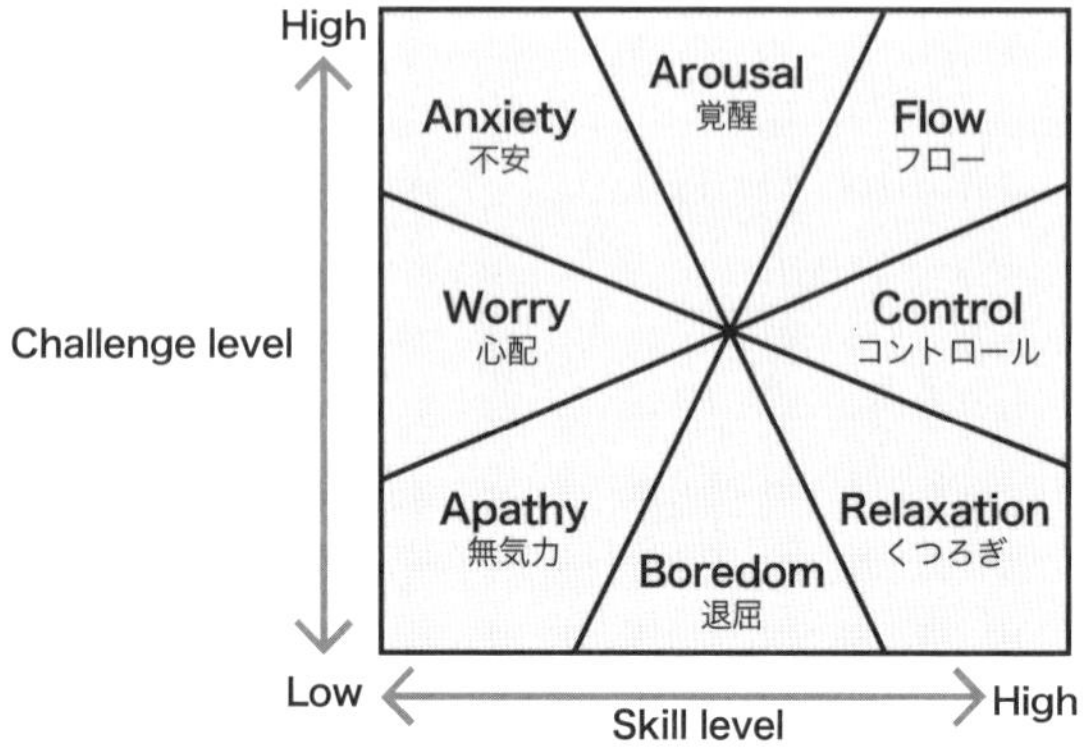

出典：『フロー体験とグッドビジネス　仕事と生きがい』
M.チクセントミハイ著（世界思想社）より

最後に、アメリカの心理学者、ミハイ・チクセントミハイ博士が提唱したフロー理論をお伝えします。

人はフロー状態にあるとき、高いレベルの集中力を示し、楽しさ、満足感、状況のコントロール感、自尊感情の高まりなどを経験し、それが仕事の熟達や学習を加速すると言われています。フロー状態に入るには、上図のように、人間が持つ8つの精神状態のうち、活動の難しさの「チャレンジレベル」とその活動に取り組むための「スキルレベル」のバランスが高次元で取れていることが理想とされます。

スポーツや将棋などの世界で、勝利に向かって抜群の集中力を発揮しているときに使われる「ゾーンに入った」という状態も「フロー」の一種です。

どんな人でも、何かに熱中しているとき、力がみなぎり、充実した瞬間を味わった経験があるはずです。そういう状況では時間が経つのがあっという間に感じられたり、自分でも信じられないような力を発揮したりします。こうした状況を、個人レベルではなく、組織レベルで起こすことができたら、最強のチームになるのではないでしょうか？

ワシントン大学心理学部のキース・ソーヤー教授によると、チームでフロー状態になる「グループ・フロー」は、次の10の条件が揃った場合に起こりやすいとしています。

①適切な目標　ゆるやかに示された目標（チームが集中できる「明確な目標」であること、創造性を引き出すために多様な解釈ができる「自由度の高い目標」であることの2つの異なるパラドクスが内包されていること）

②深い傾聴　次に自分が何を言うかを考えずに、ただ他者の意見に注意深く耳を傾ける姿勢を誰もが持っていること

③完全な集中　自分たちの活動と、それ以外のすべてを切り離す境界線が引かれていること。仕事そのものに焦点が置かれ、締め切り期限も外部から与えられる報酬もすっかり忘れていること

④自主性　メンバーが自主性、適性、親近感を感じ、自分たちの活動や環境を思い通りにできること。同時に柔軟性を失わず、他の意見に耳を傾け、別のフローが生まれた際は、その流れに身を任せるゆとりもあること

⑤エゴの融合　ときに自分のエゴを抑えて、グループを優先させることができること。自分の出す音と他のメンバーの演奏に耳を傾けるバランスを取ることができること。個々のアイデアは、仲間のアイデアの上にさらに積み上げられる

⑥全員が同等　すべての参加者が同等の役割を担っていること。誰かひとりが他を威圧したり、尊大だったりすると阻害要因となる

⑦適度な親密さ　目標に対する共通理解を持ち、メンバー間でフィードバックが行なわれ

るように意思疎通のスタイルが共有されていること。ただし、親しくなりすぎると相互反応が刺激的でなくなり、フローが起きにくくなる

⑧不断のコミュニケーション 会議室やオフィシャルなコミュニケーションに限らず、立ち話や退社後、昼食時のつき合いなども含めて、自由気ままな会話を交わしていること

⑨先へ先へと進める 立ち止まらないこと。「Yes! and……」の精神で、まずは他人の意見を聴き、それを完全に受け入れた上で、その意見を発展させ、新たな意見を積み上げ、先に先に進める姿勢があること

⑩失敗のリスク 練習中にフローを体験することはほとんどなく、目の前に聴衆がいる本番にこそ、フローが訪れる。失敗の伴わない創造性はなく、失敗のリスクが存在すること

『凡才の集団は孤高の天才に勝る』キース・ソーヤー著（ダイヤモンド社）より筆者一部編集

いかがでしょうか？　あなたのチームは、このグループ・フローを生み出す10の条件のうち、いくつ当てはまりますか？

小噺◆13

カリスマ結婚カウンセラーの、職場で使える「愛を伝える5つの言語」

アメリカの著名な結婚カウンセラーのゲーリー・チャップマン氏は、相手の愛の一次言語を見出し、それを話すことが、永続的で幸せな結婚生活を送る鍵となると言います。人にはそれぞれ母国語（一次言語）があるように、まずは自身が、5つの愛の言語を理解した上で、配偶者の一次言語を学び、相手の言語を大切に語ったときに、相手の態度や行動に革命的な変化が起こると言います。夫婦やカップル間だけでなく、職場やチームのつながりを取り戻す際にも活用できるものなので、ご紹介します。

①肯定的な言葉（Words of affirmation）

相手にいたわりと優しさを込めて、思いやりのある言葉で愛情を表現すること。

対職場　皆をほめる。一人ひとりの強みに着目する。本人の前で、他者に本人のいいところを伝える。コミュニケーションは、否定ではなく肯定からはじめる。

②クオリティ・タイム（Quality time）

相手に丸ごとの注意を注ぐこと。何かをしながらではなく１００％の注意を注ぎ、お互いの気持ち、考え、願望などを共感しながら対話する時間を持つこと。

対職場 メンバーとコミュニケーションを取る際は、手を止めて、しっかり向き合って話す。ランチでもいいので、月に一度はじっくりと語り合う時間を取る。

③贈り物（Receiving gift）

相手のことを心に留め、内にある思いを象徴するプレゼントで愛情を表現する。

対職場 大型受注した日や誕生日などの記念日にはお祝いをし、称える。

④サービス行為（Acts of service）

相手がしてほしいと思うことを、喜ばせたい一心で奉仕し、愛情を表現すること。

対職場 困りごとや悩みがないか時折、確認をする。支援が必要ならすぐに対応する。

⑤身体的なタッチ（Physical touch）

手をつないだり、ハグなど心と身体の触れ合いを通して愛情を表現すること。

対職場 ハイタッチ、握手などを行ない、エンゲージメントを高める。

職場で実践！「つないで創発する」ための場づくり

❶ 職場の中にくつろぎと創発のための「第三の場所」を作ろう！

アメリカの社会学者レイ・オルデンバーグは、「サードプレイス」という概念を提唱しました。彼は、都市で生活を営む人には、３つの居場所が必要だと言います。ファーストプレイスは「家」。セカンドプレイスは「職場」。そして、この2つを結ぶ中間地帯が第三の場所「サードプレイス」です。

そこは、肩の力を抜いて、自分らしく振る舞える、安全で安心なカフェのような場所。こうした場を職場の中に作ることができたら、メンバーの心理的欲求に応えることができます。そこでの会話が、いつもの上下関係や手続きを捨てて、いっそう豊かなものになれば、創発的な場にもつながるのではないでしょうか。

カフェという文字を冠する「ワールドカフェ」という名の対話の手法は、任意の3～4人からなる複数のグループに分かれてテーブルを囲み、決められたテーマについて話し合い、途中でグループをシャッフルして対話を重ねる手法で、私もよく行なっています。この対話法の開発者のアニータ・ブラウン氏とデイビット・アイザックス氏もこう言います。

「私たちが経験したことを明らかにしようとするにつれて、思い出されたことがあります。それは、多くの新しいアイデアや社会的なイノベーションは、カフェやサロン、教会、リビングルームなどでのインフォーマルな会話を通じて生まれ広がっていったのだということでした。私たちのリビングルームで行われた「カフェ的会話」は、人間社会における知識共有や、変革、イノベーションが起こるときの深くいきいきとしたパターンが現れている小規模なレプリカだったのではないかと考えました。」

『ワールド・カフェーカフェ的会話が未来を創る』アニータ・ブラウン&デイビット・アイザックス著
（ヒューマンバリュー）より

❷ 職場で集合知を生み出そう！ TEA TIME／BAR TIME

賢人たちの問題提起を受けて、職場で「創発」が起こるサードプレイスカフェを開こうと私たちが実行したのが、職場カフェ「TEA TIME／BAR TIME」です。

職場カフェ、TEA TIME／BAR TIMEは、毎週1回、各1時間ずつ交互に開催しました。昼にはお茶菓子とコーヒーがふるまわれるTEA TIME。夜はつまみとアルコールがふるまわれるBAR TIMEを開催しました。

毎回、コーラーという名の呼びかけ人が、自分の仕事にまつわるお困りごと、他者からのアイデアを欲しているテーマを選定し、事前に社員にメールでそのテーマの背景と最低限知っておいて欲しい情報を伝えておきます。参加者が集まる時間は、テーマにまつわる問題発見や解決のために時間を使える、授業と課題の役割を反転させる「反転学習型」のセッションを行ないました。約3ヶ月で全8回実施し、左記のようなテーマが扱われました。

1 A社様30周年イベントのエポックなコンテンツを考えよ！

2 B社様10周年記念社員旅行のプログラムを考えよう！
3 ワークショップの効果を最大化する文具メーカーとのコラボ商品を企画せよ！
4 派遣やアルバイトさんと強固なパートナーシップを築くための「3か条」を考えよ！
5 社内表彰獲得に向け、大阪支社でのお困りごと解決のための知恵を集めよう！
6 チーム力を強化する、エンゲージメント・トリップ・プログラムを設計せよ！
7 C社様70周年「他社対話会」のコラボレーション相手を提案せよ！
8 入社式コンテンツ「本気×彩」をコンセプトに素敵な「魅せ方」を提案せよ！

TEA TIME の様子

BAR TIME の様子

続けるためのインセンティブ

これを続けるために導入したのが、小学校の夏休みの「ラジオ体操」で配布されるような、出席するたびにハンコがもらえるカードです（写真左）。

よいアイデアを出した参加者は2倍のポイントがもらえるという特典もあります。マス目をコンプリートすると社長と豪華ディナー（写真右）に行けるというインセンティブもつけ、大いに盛り上がりました。スタンプカードのデザインにもこだわって、デザイナーさんに作ってもらいました。神は細部に宿るではありませんが、ディティールにこだわることは、参加意欲を高める上で大変有効です。

❸フロー（流れ）とストック（貯蓄）情報で職場をつなごう！　LINE／コラム

最後にご紹介したいのは、職場での対面によるリアルな接点ではなく、非対面でも行なうことのできるつながりの場の創出例です。

実施したのは、コミュニケーションを活性化させるために、全員が気軽に参加できる「LINEコミュニケーション」と、マネージャーが定期的に発信し、メンバーとの認識の擦り合わせや意見交換を行なう「マネージャー通信」の2つ。それぞれの特徴やメリットは以下の通りです。

「LINEコミュニケーション」は、なかなか全員が一堂に会することができない状況で、スマートフォンのLINEアプリを使ってコミュニケーションを取り、関係性を深めるものです。共有するのは、重要な情報というよりは、リアルタイムでのちょっとした情報や報告。たとえば「商談がうまくまとまりそう」「企画で悩んでいる」「お客様にこんな感謝の言葉を言っていただけた」など、普段「それだけの用」ではメールを送りにくいものも歓迎します。

LINE でのメンバーの実際のコメント

現場の前線に出ているセールスはもちろん、バックオフィスの人たちにも会社の前線の動きがよく見える、伝わるというメリットが生まれました。発信も返信も、上にあるようなワンワード程度で問題ありません。

もうひとつは、「マネージャー通信」です。週に1回の定期発信で、今、メンバーに伝えたいことや組織で共有したいことを各マネージャーが部署を跨いでリレー形式で書きます。

これによって、部署を超えた全社の動きがメンバーに伝わるきっかけにもなりました。やり方は、メールでもいいですし、社内イントラネットがあれば、そこで閲覧できるようにしてもいいでしょう。大事なのは双方向の場づくりにすること。最初のうちはメンバーが読むだけで、返信が少なかったりしますが、返信を奨励したり、応援すると徐々に増えていきます。「育てていく」メデ

組織内で共有したいことをメール・社内イントラで伝える

差出人：富樫義久　　13:00　11月16日
件名：「★マネジャー通信★」

「今こそ組織の力で勝とう！」
最近のLEIに関してですが、“ライフイベント屋”として世の中に価値を発揮していくという共通の目的に、COY（全社表彰）という目標が加わったことによりメンバーの協働意思が非常に強まっていると感じています。後半戦。ここからが正念場。そのために、営業ユニットの努力はもちろんのこと、それ以外の皆さんからのアシストも是非ともよろしくお願いします。みんなの力で掴み取る。その風土はすごく出来てきたと思います。
私は新卒で入った会社を辞めて、起業した時、実態としては一人で仕事をする時間がほとんどでした。その後、LEIに入社して、真っ先に感じたこと。それは、『会社に行けばいつもそこに想いを共有できる一緒に働く仲間がいるということ』　これってすごく幸せなことだなと感じました。
そして、今でもその気持ちは色あせていません。泣いても笑ってもあと６週間。是非、今だからこそ、部署をまたいで、お互いに助け合い、高め合い、成果に向き合いましょう。私も全力を尽くします！

メンバーからの返信コメント

差出人：酒井海斗　　13:36　11月16日
件名：Re: ★マネジャー通信★

会社に行けばいつもそこに想いを共有できる一緒に働く仲間がいるということ、これって当たり前な環境じゃないんですよね。新卒で入っているからこそ、当たり前だと感じてしまっている感覚はかなりあると思います。ともするとここに甘えてしまいそうになる時もありますが、自分もその一員であり、そんな組織を創っている主体者であることを再認識させてくれたのが、やはりCOYノミネートでした。あと6週間、走り切りましょう！

差出人：遠藤愛子　　17:38　11月17日
件名：Re: ★マネジャー通信★

富樫さん
メッセージありがとうございます！「今ここ」で一緒の働くことのできる仲間がいることの感謝を胸に、成果を出すことが何にも変えがたい全員の幸せだと信じて、最後まで全員でがんばりましょう！

イアとして活用することをお勧めします。

上が実際のコメントおよびメンバーからの返信例です。

発信されたメッセージに対するクイックレスポンス、これも組織の状態や運動神経を図るひとつの指標になります。こうした発信系の施策は、当初はレスポンスがよくなく、運営サイドはやきもきしたり、気持ちが折れそうになることもありますが、地道に続けると必ず臨界点を超えるタイミングが訪れます。ぜひやり続けることをお勧めします。

小噺◆14

リーダーは越境ツールZoomを使い倒そう!

アメリカのZoom Video Communications,Inc.が開発した「Zoom」と呼ばれるウェブ会議システムをご存じでしょうか? 無料で使えるSkypeよりも接続の安定性が高く、10人以上の大人数でも実施できるツールとして、近年、注目を浴びています。接続の手続きは大変簡単な上、40分までは無料で使えるなど使い勝手に優れているので、私もよく使っています。

独自機能で使いやすいのは、「ブレイクアウトルーム」という大人数で対話をしているときに、小グループに分けて話ができるという機能です。

非対面のオンラインであっても、通常のワークショップで行なっているような、全体への説明とグループダイアログの切り替えが容易にできること、そして何より、お互いが自分の場所(ホーム)で話に参加できるという安心感があります。相手の今いるところ、いわゆるお茶の間が背景に写ったりすることで、親近感が湧いたり、リラックスした状態で場に臨むことができます。

私もよく、社外の志の高い仲間たちとの勉強会や近況共有会などでZoomを活用しています。お勧めなので、リーダーはぜひ、自分の職場を気軽に越境するツールとして、使ってみてください。

Zoom 中の社外のコーチングコミュニティ
「邇邇芸《ニニギ》」の素敵すぎる仲間たち

左上 ひとみちゃん、右上 筆者、右下 Owl、左下 まぁくん

※邇邇芸（ニニギ）とは、筆者の保有するコーチング資格 Organization & Relationship Systems Certified Coach (ORSCC) の中のコーホートチームの名称です。

When someone does something good,
applaud! You will make two people happy.

「誰かが何かをうまくできたら拍手をしよう。
そうすれば、お互いに幸せになれる」

Samuel Goldwyn　サミュエル・ゴールドウィン

アメリカの映画プロデューサー（1879－1974）

5章

足：踏み込む

Step into

【概要】

リーダーは、事なかれの放任主義でメンバーにすべてを委ねるのではなく、停滞や混乱がある際には、摩擦を恐れずに「ダメ出しフィードバック」を行なったり、よい結果が生まれているのであれば、さらに強化を促すために「ポジティブフィードバック」を行なう必要があります。活力がみなぎり、建前を超えた本音のコミュニケーションが行き交うチームづくりに、一歩踏み込むことは欠かせない要素です。本章では、これからのリーダーに必要な「叱り方」や「ほめ方」などの相手の心を動かすフィードバックを、職場での実践例も踏まえてお伝えしていきます。

部下のやる気に火を灯す「ダメ出しフィードバック」

❶ 増殖する、踏み込めないマネージャー

今、「踏み込めないマネージャー」が増えています。「働き方改革」「ゆとり世代の部下」「パワーハラスメントの防止」といった時代の要請、職場環境の変化から、自分が若手のときのように、部下に遅くまで働けと言えない。世代の価値観が異なるから接するのが難しい。余計なことを言ったら、すぐにパワハラ、セクハラと言われそう……。

こうした変化の荒波で、相手に踏み込んで本人の成長のためにダメ出し型のフィードバックを行なう「骨太」のマネージャーが減少しつつあり、結果、組織のモチベーション低下を招く要因となっています。

そもそも、余分なエネルギーを使ったり、面倒な対決につながる可能性のあるダメ出し

のフィードバックは、回避されたり先延ばしにされがちです。しかし、フィードバックとは本来、語源の「Feed（栄養）back（返す）」が示すように、職場のモチベーションを高める栄養剤のようなもの。部下の人格を審判するものではなく、成功した行動を評価したり、改善点を指摘する、行動と結果に対する客観的なメッセージです。

何より、栄養となるフィードバックを返された本人が行動から学び、成長し、変化していくこと、そして組織としても非効率な行動パターンが修正されることで、職場全体の生産性向上につながるメリットがあります。

そこで、部下の心に火を灯す「薪＋ＦＩＲＥ」の観点を紹介します。

❷ダメ出しフィードバックの黄金則「薪＋ＦＩＲＥ」

①薪《まき》

まずは、火を灯す薪そのものの土台を整える必要があります。

薪が腐っていたり、余計な水分を含んでいると着火しないように、最終的には、伝える内容よりも伝え手のあり方、相手に向き合う誠実さや真剣さの度合いが人の心を動かします。自分が相手を見下して、思い通りにコントロールしようとしていないか、非を責める気持ちがないか、フィードバックをする前に自分の燃やそうとしている薪を確認しましょう。

また、「薪を割るときは、薪ではなく、薪割り台を狙え」という格言があるように、このフィードバックを通じてどこに到達したいのか、どういう目的地へ相手を導きたいのか、目の前を超えたところの意図を考えることで、本質的な変容につなげます。

②Fact

正したい行動を具体的にFact（事実）に基づいて伝えることが必要です。人は先入観、憶測、解釈などを用いて伝えられると反論したくなるもの。また、事実であったとしても他人から聞いた「また聞き」の話を持ち込むことも控えましょう。あなたが直接、見聞きしたメンバーの正したい行動を伝えることが肝要です。

そして「最近、調子はどうだ」と尋ねたり、ほめたりすることで話を切り出すこともやめましょう。褒めて、批判して、最後にまた褒める、サンドイッチ式のフィードバックが奨励されることがありますが、焦点がぼやけてしまい逆効果です。問題を単刀直入に切り出し、短い時間で伝えきることが必要です。

部下の心に火を灯す「薪＋ＦＩＲＥ」の観点

Fact	具体的事実・行動を確認する
I message	自分の気持ちを伝える
Request	望ましい行動・提案を行なう
Epilogue	改善や克服の結果、得られる価値を伝える
薪	目的地を確認し、誠実さを持って関わる

③ I message

I message とは自分を主語にし、自分の気持ちを相手に伝えるメッセージです。反対に You message は相手を主語に「君はこうだ」と伝える発信方法です。

後者の場合、問題は相手にあるとする指示、非難、批判的なメッセージになりやすく、相手に言葉を受け取ってもらいづらくなります。

たとえば、遅刻をしてきたメンバーに「遅刻するなんて、君はどうかしている」と言うより「連絡なく遅刻してきて、私は心配したよ」と伝えたほうが、相手にメッセージが届きやすくなります。

また自分の気持ちを伝えることは自己開示であり、相手との距離感が一層近くなり、親身さが伝わる効果もあります。

④Request

相手に対し、改善に向けたRequest（要望や提案）を行ないます。その際に留意したいのが、要望の的を具体的に絞ること。「もっとちゃんとやれ」「やる気をみせろ」「まじめにやれ」では抽象的で、何をすればいいか相手にまったく伝わりません。

また、「○○しないように」という否定形ではなく、肯定形で伝えることも必要です。「緊張するな」と言われると、余計に緊張してしまうように、「プレゼン失敗するなよ」ではなく、「力を抜いて深呼吸しようぜ」と提案を肯定表現にすることも効果的です。

⑤Epilogue

改善に向けた要望、提案を実行すると、その結果（Epilogue）、どうなるのか、本人の成長や組織へどんな成果がもたらされるのかを伝えます。注意すべきは、その結果がリーダーだけが満足するものになっていないか？　という点。自分にとっても、本人にとっても、周囲にとっても納得できる三方よしの結果になることが大事です。また、一方的に通達して終わりではなく、最後に本人に一連のフィードバックについてどう思うか、会話に誘い意思を確認することも、相手の参画感を高める上で大変有効です。

「新＋ＦＩＲＥの観点」を使用したフィードバック例を示すと、こうなります。

経費精算の提出が遅れがちな部下への指導例

Fact：今月、経費精算の提出が2回も遅れているよね

I message：相談もなく遅れて、経理の仕事にも支障が出てしまい、私は残念に思う

Request：週に1回、15分でいいから提出物確認の時間を取ってみたらどうだろうか

Epilogue：締め切りや約束を守ることで周囲からの信頼も高まるよ。このことについて君はどう思う？

営業成績の振るわない部下Aさんのメンターへの指導

Fact：君が面倒をみているAさんは、今月も未達に終わったね。もう3ヶ月も達成していない状況だね

I message：会社全体の売上貢献や士気にも支障が出てしまい、私は残念に思うよ

Request：Aさんだけでなく、全体のために営業力の底上げをしたいと思ってるんだ

Epilogue：どうだろう。一緒に考えてみないか。君はどう思う？

❸ダメ出しフィードバックを行なう際の6つの留意点

次に、フィードバックを効果的なものとするための6つの観点について触れていきます。

①普段から観察を怠らない　日頃から相手に興味を持つことが欠かせません。その際、粗探しをするのではなく、相手の大事にしている動機や夢、目標、得手不得手、趣味や最近、喜んでいたこと、怒っていたことなど、ポジティブなことや、人となりがわかる情報に注目しましょう。気づいたときにメモをストックしていく専用ノートを作るのもお勧めです。

②タイミングを逃さない　相手が問題行動を取ったら、すばやくフィードバックしましょう。時間が経つと、その行動を相手が忘れてしまったり、フィードバックの焦点がぼやけてしまうリスクがあります。できる限り早くという英語の接続詞にAs soon as possibleがありますが、正に「ASAP！ Feedback」です。

③センターピンを外さない　若手メンバーを指導する際は、改善点がたくさんあり、あれ

もこれもと要望しがちですが、すべてを同時に実行することは不可能です。今、何が最も優先順位が高いのか、改善に向けて影響力の強いセンターピンはどこなのか、「一時に一事」と心得ましょう。

④抽象に逃げない　肝心なことがはっきりしない「以心伝心」は避けましょう。抽象的なメッセージは相手に伝わりづらく、誤解されるおそれがあります。フィードバックは、具体的かつ明確に。相手の理解レベルに合わせて誤解が生まれないように伝えましょう。

⑤感情「で」伝えない　ダメ出しをする際は、つい感情的になってしまいがちですが、感情「で」伝えるのと、感情「を」伝えることはイコールではありません。特に2つめの「I message」（私は～な感情を抱いた）を使うと、感情「で」伝えるのではなく、感情「を」効果的に伝えられるようになります。

⑥評価者のままで終わらない　メンバーの「行動」につなげるには、改善行動をリクエストして終わりにしてはいけません。伝えた後の最後の「Epilogue」によって、上司がメンバーと一緒に考える「支援者」「伴走者」になれるかどうかがポイントです。

小噺◆15

フィードバックで「盲点の窓」を開けて成長支援をしよう！

フィードバックの一番の効果は、本人が自分では、見えない、気づけない箇所を客観的に知れる鏡の役割を果たせることです。ここで、心理学者のジョーゼフ・ラフトとハリー・インガムの2人が考案した「ジョハリの窓」を紹介します。

枠の大きさを自己成長の大きさとすると、本人は自ら（①自己開示）し、秘密の窓の領域を少なくし、また、他人から意見をもらうことで（②他人からのフィードバック）、自分だけでは気づかなかった可能性を知り、結果として「盲点の窓」枠が広がり、自分の成長につながります。

リーダーはメンバーの成長を促すために、メンバーに愛（薪）を持って、フィードバックの火を灯しましょう。そして、メンバーに対してだけでなく、リーダー自身も部下を含む周囲からどのように見られているのか、どう評価されているのか、率直な

ジョハリの窓

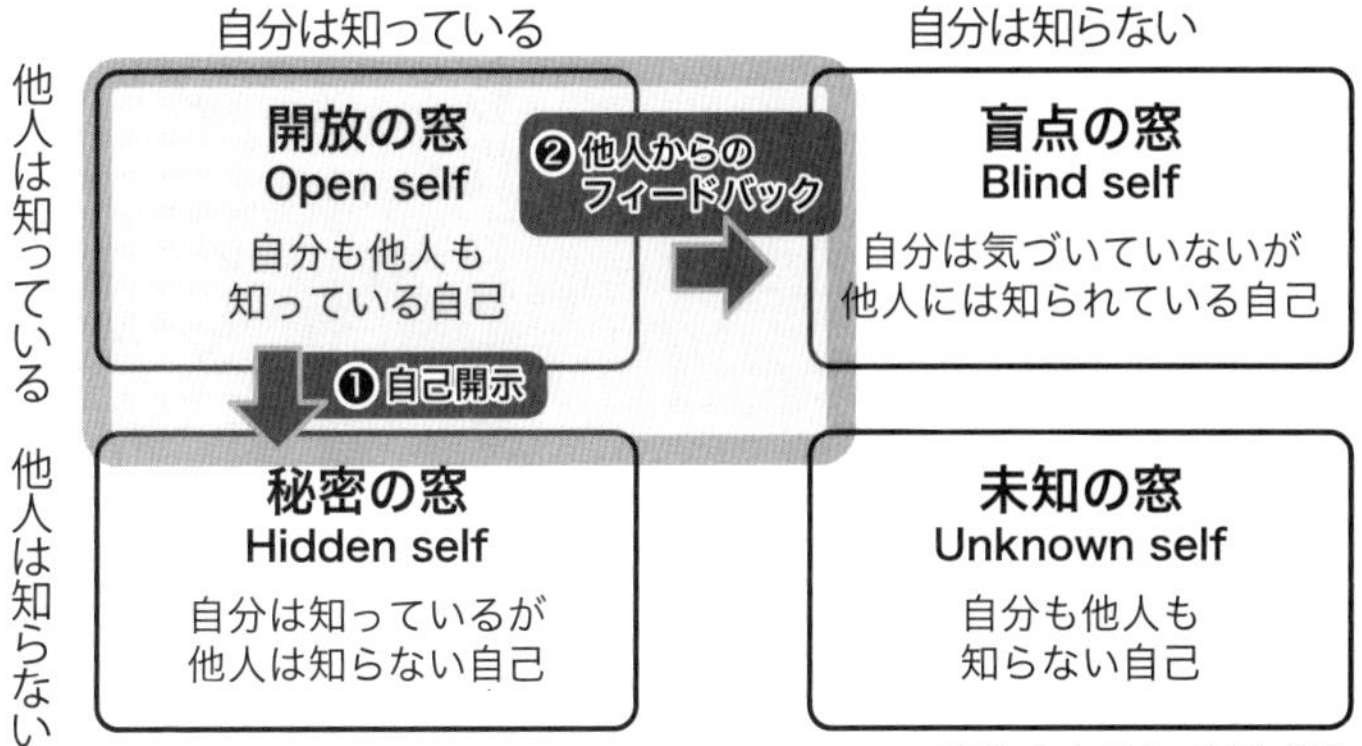

※枠の大きさ=自己成長

評価や意見、改善点、アドバイスを常にもらえる状態を作っておくこと。リーダーが裸の王様にならない仕組みが必要です。

最初のうちは、自分の強みや課題、改善点を周囲に聞くことに抵抗感を持つことが多いのですが、リーダー自らが聞く姿勢を見せることで、周囲によい影響を与えるとともに、自身の成長にもつながるのでお勧めです！

人が思わずその気になる「ポジティブフィードバック」

❶ 褒められることで「A10神経」が刺激され、人は動き出す

かつて日本海軍の連合艦隊司令長官、山本五十六元帥は、こう言いました。1行目はあまりに有名なのでご存じの方も多いと思いますが、実はあまり知られていない続きがあるので、全文を掲載します。

やってみせ、言って聞かせて、させてみせ、褒めてやらねば、人は動かじ。
話し合い、耳を傾け、承認し、任せてやらねば、人は育たず。
やっている、姿を感謝で見守って、信頼せねば、人は実らず。

正にこの格言では、人を動かすには、褒めること。人が育つには、承認すること。人が実るには、感謝と信頼が必要であることがシンプルに力強く、言い抜かれています。

そして、人を褒める、承認することのメリットは、脳科学的にも証明されており、人は褒められることで、脳の中にある「A10神経」と呼ばれる神経が刺激を受けて「ドーパミン」が分泌され、血流、代謝がよくなり、ワクワクした高揚感に包まれます。

言い換えれば、人はこの快感を得るために、「行動する」→「褒められる」→「ワクワクして幸福になる」神経回路を強化しているのです。

興味深いのは、褒められる側だけでなく、褒めた側も、自分の働きかけでメンバーが心から喜んでくれたり、あるいは課題に向けてモチベーションを高めてくれた反応を見て嬉しさを感じ、A10神経が刺激される、まさにWin-Winの相互作用が生まれる状況となるのです。

これまで組織の中では、報酬と言えば給料やポストなどの「金銭報酬」がメインでしたが、パイに限りがある金銭報酬に頼らない「コミュニケーション報酬（＝褒め報酬）」が組織の自家発電的、拡大再生産には極めて重要で、褒め称え合える組織文化の醸成が今後、どんな環境変化にも生き残れるひとつの鍵となっていくでしょう。

❷ 承認力を高めるポジティブフィードバック・ピラミッドモデル

心理学者、マズローの欲求階層説にあるように、人は誰でも根源的に「承認されたい」と思っている生き物です。誰かから認められていると感じると、自然とモチベーションが高まり、能動的に動けるようになります。

リーダーは、メンバーが自分では気づいていない成長ぶりや、周囲への貢献などを本人に自覚してもらうよう、働きかけることが必要です。そのためには、巷に溢れる、褒めるフレーズの書かれた本などを手本に使うのではなく、再現性のあるフレームワーク（ポジティブフィードバック・ピラミッドモデル）を活用することをお勧めします。

①承認レベル

承認には、3つのレベルがあります。まずは、メンバーその人が存在してくれていることに対しての感謝とリスペクトを示す「存在承認」。次に組織で働く以上、何かしらの目的、成果の達成に向けて行動をしますが、その行動、プロセスの取り組みに対しての「行動承認」。最後に、目的、成果を実現したメンバーを称える「結果承認」です。特に組織

ポジティブフィードバック・ピラミッドモデル

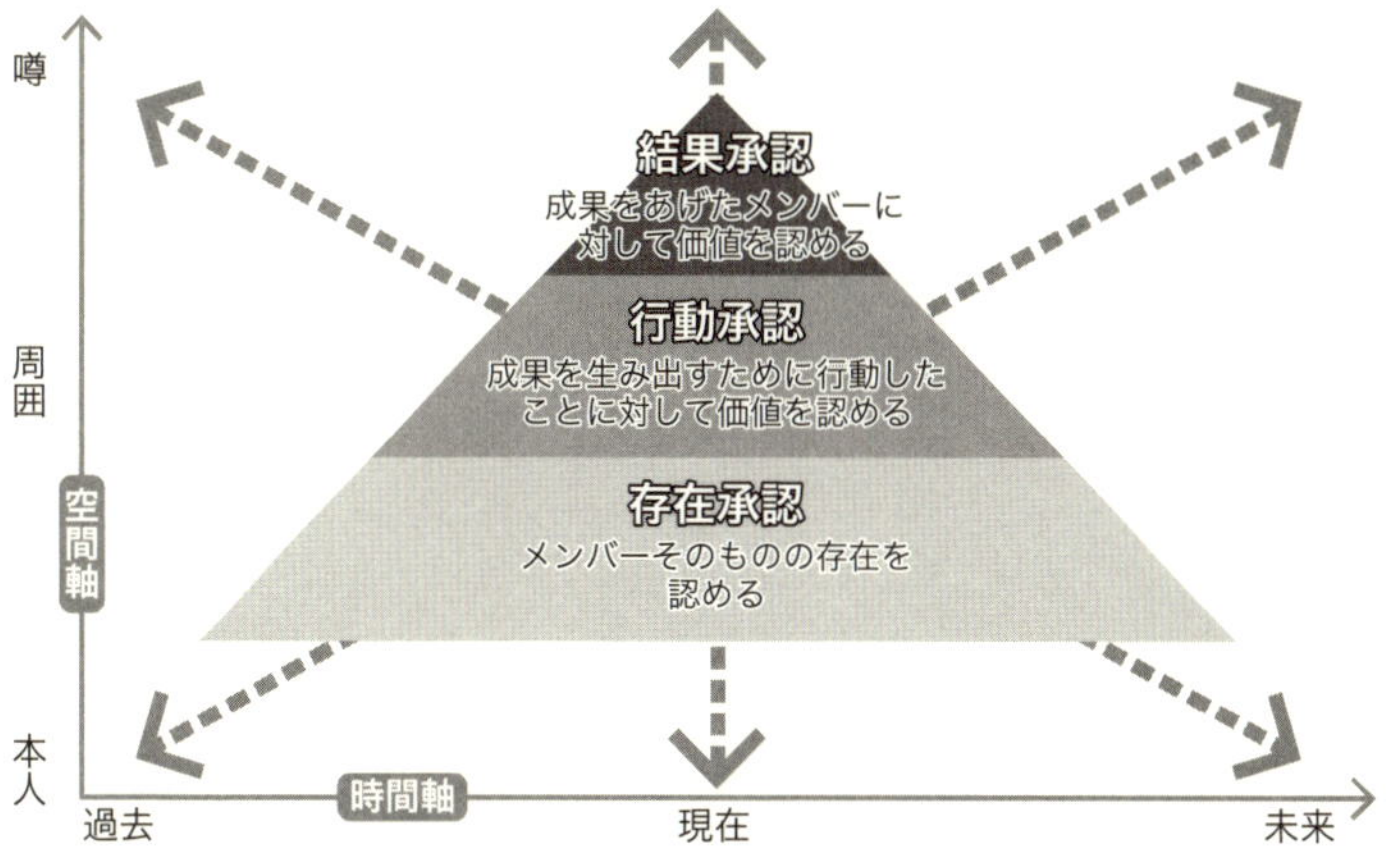

では、目に見えてわかりやすい最後の「結果承認」のみに光があたりがちですが、土台部分の「存在承認」や経過のプロセスをしっかり見届ける「行動承認」はメンバーにとっての支援になるので、しっかりと承認しましょう。

②時間軸

時間軸は、現在のみならず、過去から未来までの時制を使い分けることが効果的です。

過去時制：これまでの取り組み・がんばりを称え、労うときに使用

例「これまで本当によくがんばったね。あれだけの集中力で取り組んだのは素晴らしいよ！」

現在時制：メンバーの今の状態をその場で

称えたいときに使用

例「そのアイデア素晴らしい！　今の発言、質が変わってる！　エネルギー出てるね！」

未来時制：メンバーを励ましたい、がんばりを認めたいときに使用

例「最善を尽くしたね！　きっと大丈夫」「よくやった！　明日の今ごろは乾杯してるよ！」

③空間軸

周囲：本人が謙遜しがちだったり、自己肯定感が低くて受け取ってくれないときは、本人以外の同僚やチームメイトなど周囲を褒めることで、結果的に本人を褒めることにつなげる

例「最近、君のチームのメンバー、イキイキしているね！」

噂：人は噂話には敏感なもの。褒めるときに、本人が思いもよらない人からのよい噂、第三者からの期待の声が聞けるとやる気につながる

例「お客さんがA君の丁寧な仕事ぶりに感心していたって聞いたよ！」

❸ポジティブフィードバックを行なう際の6つの留意点

①褒め鉄砲を撃ちまくる

いいね！　いいね！　とむやみに褒めると、特別感がなくなります。ポジティブフィードバックは、適度な希少性があることで、はじめて価値が生まれるので、褒めることの乱発でインフレが起きないようにしましょう。

②判断・否定を入れて褒める

褒めるときは、褒めきることが重要です。よく「今回は、よくやってるね」「まぁ、いい感じだったよ」「割と嫌いじゃないな」のような、褒めているのかいないのか不明確な褒め方をする人がいますが、褒めることに照れ隠しは必要ありません。真正面から褒めましょう。

③無表情で褒める

無表情で「とってもよかったよ」「さすが」「素晴らしい」と言われたら、あなたはどう受け取りますか？　褒めるときは、ぜひ感情ＭＡＸで褒めてあげてください。ダメ出しをするときは、感情「で」伝えないようにと言いましたが、ポジティブの場合は、逆です。

④上司の望む行動をしたときだけ褒める

親が子供を褒めるときにも同様のことが言えますが、上司が望む行動をしたときだけ褒めていると、部下はいつも上司の顔色を窺うようになってしまいます。また、上司の器以上に自分の才能を開花させることができなくなってしまいます。大局や全体最適からも見て褒めるようにしましょう。

⑤他人と比較して褒める

最近は、他人との比較より、過去の本人との比較で褒めたほうが、力を発揮しやすい傾向にあります。具体的には、「Ａさんより、君のほうが優れている」と言われるより、「半年前の君より、今の君のほうがプレゼンスキルが断然伸びている」と言われたほうが、心に響く傾向にあるのです。

⑥心ではまったく思っていないのに褒める

たまに褒めることが「タスク」になっている上司がいます。心では褒める気持ちがまったくないのに、上司だから一応褒めておくか、というマインドでは、その気持ちが部下にも伝わってしまいます。ぜひ、心を込めて褒めましょう。

小噺◆16

褒めフレーズカルタ
褒め言葉はじゃんじゃん貯金しよう!

褒める技術は、語彙(ボキャブラリー)量に比例します。いつも、誰に対しても同じ褒め言葉を使っていては、技術の進歩はありません。地道に自分が使える褒め言葉のストックを増やしていくことが必要です。そのための一助として、使えるかもしれない褒めフレーズカルタを紹介します。

- あ　あなたのおかげだよ!
- い　癒された!
- う　嬉しいよ!
- え　偉い!
- お　面白い!
- か　感動した!
- き　気が利くね!
- く　くじけずによくやった!
- け　けじめがあるね!
- こ　こだわりを感じる!
- さ　さすが!
- し　しっかりしてる!
- す　素晴らしい!
- せ　センスがいい!
- そ　尊敬してる!

た　助かったよ！

ち　着眼点がすごい！

つ　机がいつも綺麗だね！

て　丁寧だね！

と　鳥肌が立ったよ！

な　なかなかない経験だった！

に　似合ってる！

ぬ　抜かりないね！

ね　狙いがしっかりしている！

の　飲み込みが早い！

は　発想がすごい！

ひ　人に対しての思いやりを感じる！

ふ　フットワークが軽いね！

へ　変化を感じる！

ほ　本領発揮だね！

ま　参りました！

み　みごと！

む　むずかしい局面をよく切り抜けたね！

め　目が高い！

も　もう、新人じゃないね！

や　やさしいね！

ゆ　勇気あるね！

よ　余裕だね！

ら　ラッキーだね！あやかりたい

り　リーダーシップがあるね！

る　ルンルンしてるね！何かいいことあった？

れ　連絡が行き届いているね！

ろ　論理が通ってる！

わ　わが部の手本だ！

職場で実践！「承認」「改善」「表彰」のための場づくり

❶「おかくれさん」で興味と思いやりある承認風土を創ろう！

リーダーがメンバーをダメ出しで叱ったり、ポジティブに褒めたりするときに働きかける具体的な実践法をこれまで述べてきました。最後に、リーダーからメンバーという限られたスコープではなく、職場全体で褒め合ったり、ダメ出しをし合うために、これまで私たちが行なってきた実験的な手法を紹介します。

最初は、チームの関係性をよくするために、自分以外の誰かをこっそり喜ばせる「おかくれさん」という手法です。

「おかくれさん」の目的とミッション、決まりごとは左図の通りで、社長以下メンバー全員が「おかくれさん」になります。まず週のはじめに社内組織開発チームから次のような

今週の‘おかくれさん’♪
～あなたのターゲットをこっそり喜ばせよ！～

【目的】
みんながお互いに興味関心や思いやりを持つこと
【おかくれさんのMISSION】
自分のターゲットをこっそり喜ばせること（やり方は自由♪）
【お決まりごと】
①ターゲットに自分が‘おかくれさん’と言ってはならない！
②1週間でターゲットは変更！
③1人のおかくれさんが毎週受け持つターゲットは3人！

Embody「I」チーム　7月施策

メールが全員に送られます。

メール例

「お疲れ様です！　溝口です！　さて、いよいよ第二週がはじまりましたね！　今週のおかくれさんを発表いたします‼
こっそりターゲットを喜ばせてあげてくださいね♪
おかくれさん：あなた
ターゲット：Aさん　Bさん　Cさん
さぁ、今週も……レッツ！　おかくれ‼★」

あらかじめ、自分がこっそり喜ばせるターゲットが3人割り振られ、その3人といつも以上にコミュニケーションを取ることを推奨するのが「おかくれさん」と名づけられた施策です。この後、おかくれさんが具体的に取る行動は、①ターゲットのカレンダーを見る、②どこに座っているか確認する、③挨拶する、④最近の仕事ぶりを褒める、⑤ランチに誘う、⑥デスクにこっそりお菓子を置く、などが行なわれていました。

週の最後に、ターゲットとされていた人が誰かを、お互いに答え合わせする機会があり、当たっていたか否かでひとしきり盛り上がりました。

この施策のいいところは、ターゲットとなる相手を、身近な人ではなく、あえて他部署や異職種の人にして、おのずとターゲットの行動に興味・感心を持って接する必要があるような適度なしばりがあること。そして、月曜にスタートし、金曜に回答合わせという比較的、短期間（5営業日）のサイクルを回していくので、短い時間の中でお互いを見ることができるところでした。

最初は、やり方が子供っぽいのではと心配の声があがったものの、いざやってみると皆、面白がって取り組み、成果に寄与しました。

❷「きらいなことボード」で健全なダメを出し、改善活動につなげよう！

組織の中で、部門や役職の壁を越えて、また変に空気を読むことなく、互いに本音で健全なダメ出しをすることができれば、組織をよりよくするための自浄作用をボトムアップで働かせることができます。そうなるような意図を持って自職場で実施したのが、「きらいなことボード」です。

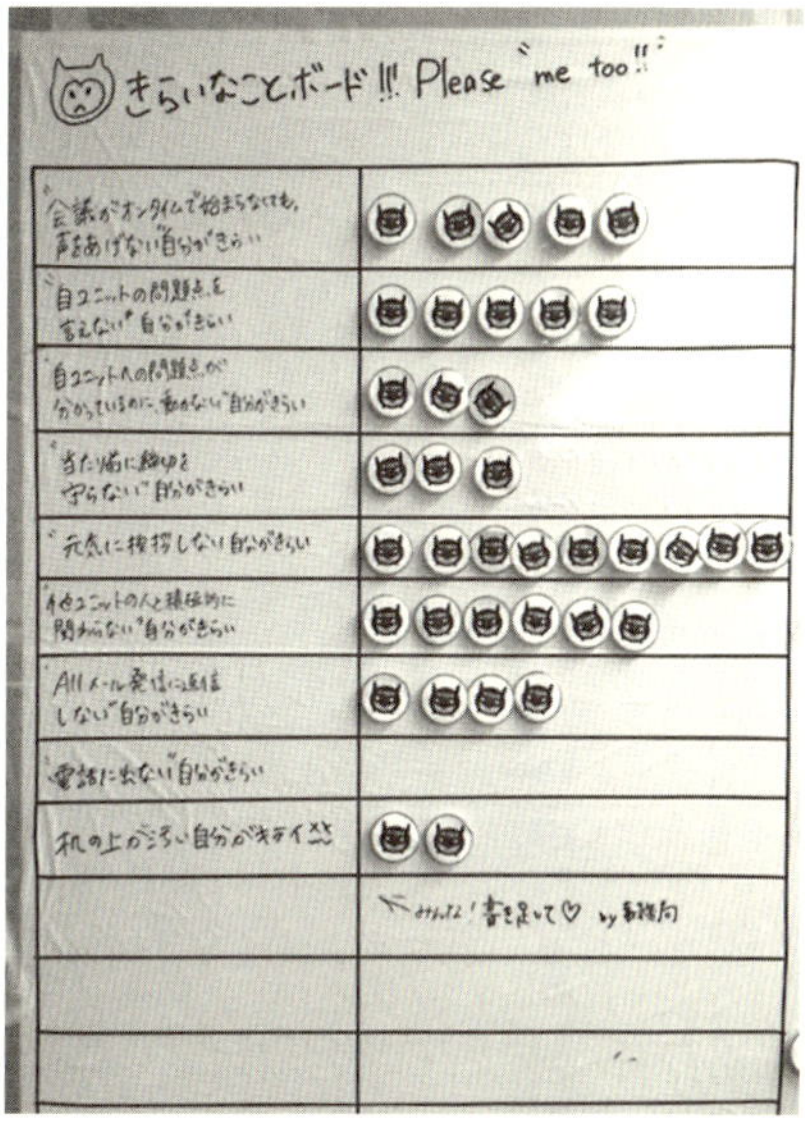

きらいなことボード写真

施策名称：きらいなことボード

ねらい：「健全なダメ出し」「自ら変化を創る」「他責でなく自責」風土の醸成

基準：課題の大きさは問わず、個人が特定されるような記載は禁止

運用ルール

1 「会社に対して○○しない自分が嫌い」のスレッドをボードに書き込む

2 共感したスレッドがあれば、自分の性別・年代の me too マグを貼りつける

3 自分ができた！　と思ったら me too マグをはがす

週に1回、ボードの状況がメールで発信され、自分たちの組織のキライなところとその改善の状態がわかる仕組みも運用しました。

この「きらいなことボード」には、自分たちが吐き出した改善点を自ら消していくことで、「自分の嫌いなところが消えると気持ちいい」という心理的作用がありました。ゲーム感覚でボードを活用し、みんなで変化を創り出せるところが好評でした。

またボードで浮き彫りになった問題意識を組織の力で改善する、具体的には、週単位で特定項目にフォーカスし、改善項目が修正できるかどうかを全員でウォッチするといった実行フェーズを設けて成果につなげる工夫も随所に盛り込みました。

❸「表彰」で生産性向上に向けた智慧の共有をしよう

昨今、「生産性向上」は「働き方改革」に並ぶワードとして注目を浴びていますが、どのようにすれば生産性が向上するのかについて、具体的な策を持たずして、早帰りのみを強要している職場に未来はありません。

そこで、私たちが四半期に1回の割合で行なっている、生産性向上に向けた取り組み結果を表彰する制度、MPPをご紹介します。

MPPの概要

○+●+○ Nextage Team ○+●+○　**★Nチームのゴール★余裕を持ちチャレンジできている**

MPP（Most Pay for Performance）

～労働時間削減・生産性向上を評価基準とした社内表彰制度～

◆Mission◆

個々人が労働時間削減・生産性向上のための取り組みをし、
チャレンジできる余裕を生み出そう！！

◆Schedule◆

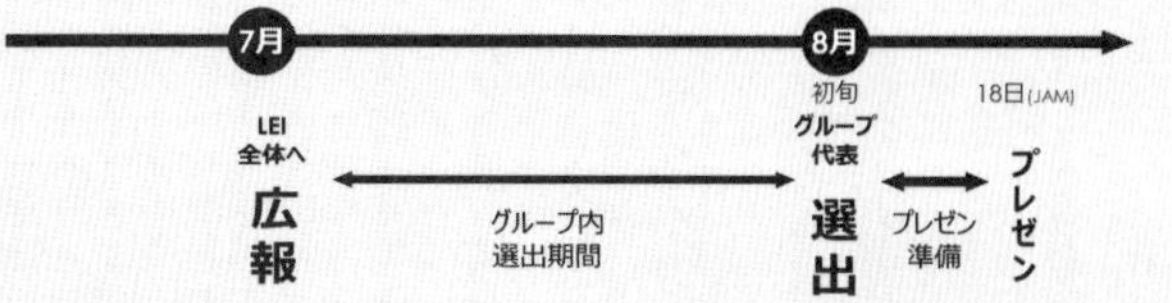

◆MPP受賞者決定までの流れ◆

①7月～8/4で、グループ内で最も生産性向上を実現できた1名を選出
（選出方法は各グループに任せる、該当者無しは認めない）
②グループ代表者は、8/18のJAMに向けてプレゼンの準備
（プレゼン時間・フォーマット等は、別途広報します）
③JAMにてプレゼン
④全社員の投票を経て、MPP受賞者決定

施策POINT
グループの代表として送り出し、
グループを上げて代表者を応援せよ！

◆グループ代表選出基準◆

＊全社員へのナレッジ展開可能性
＊投入コスト（金・時間・人件）の削減率
＊生産量の向上率
＊取り組みの新規性

◆賞品(インセンティブ)◆

＊個人インセンティブ
＊グループインセンティブ

ＭＰＰ（Most Pay for Performance）とは、労働時間削減・生産性向上を評価基準とした社内表彰制度で、前ページのような「Mission」「ＭＰＰ受賞者決定までの流れ」「グループ代表選出基準」で行ないました。

ポイントは、生産性向上の課題に真正面から組織的に取り組むことで成果創出につなげることにあり、自部署のグループ代表として選ばれたからには、他グループに負けない成果を出してＭＰＰ受賞者として表彰されることを狙いに置いていました。

受賞者は、プレゼン形式の全社員投票で選ばれるのですが、グループの代表が選ばれてからプレゼン当日まで温度感を高めるために、象徴的なポスターを作成して社内の至る所に掲示したり、メールで代表者の決意やプレゼンテーマが事前に語られたりと、当日まで盛り上げていく演出を、皆で文化祭の開催のような熱量で行ないました。

そして、プレゼン後の社員投票で選ばれた受賞者たちが喜びを爆発させているのが左の写真です。

表彰は本来、喜びの感情が交換され、伝播される場です。そうした場が当日の流れで生まれることを祈るのではなく、事前にしっかりと下地を作っておく必要があることは言う

プレゼン風景

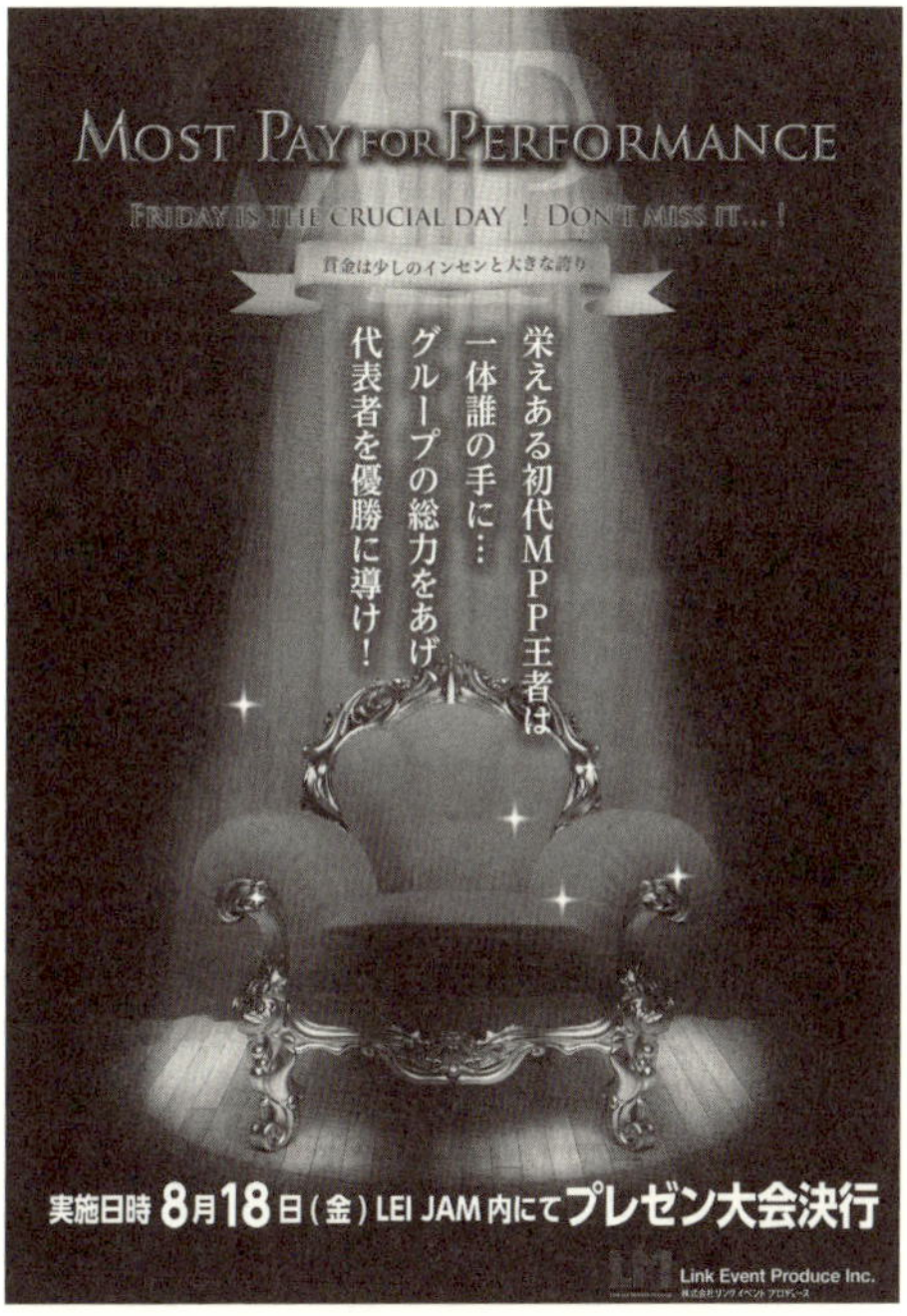

MPP のポスター

までもありません。

表彰後は受賞者に「MPP王者を追え！」というインタビュー記事を寄稿してもらい、組織の知を形式知化していく取り組みを継続的に行なっています。

小噺◆17

「表彰」で組織の力を引き出し、全員で壇上に上がる意義

ひょうしょう【表彰】を大辞林 第三版で引くと、「(名)スル 善行・功労・成果などを公にし、ほめたたえること」とあります。意味を紐解けば、善行・功労・成果を表に彰《あきら》かにする機会と言い換えられます。しかし多くの会社の表彰制度が、①受賞者を称えるのみの場となっている、②授賞が感覚的に選ばれ、表彰レベルにばらつきがある、③その場限りの「打ち上げ花火」で終わっている、という課題を抱えています。

それらを解決する方法として、次のことを考えてみてください。

①は、表彰を受賞者の成果を称える場だけでなく、成果に至ったハイパフォーマーの思考・行動をナレッジとして、組織全体でシェアすること。②は、表彰の基準を戦略的に組織のバリューに紐づけ、前回の表彰を基準として次を選出し、「表彰の格」を高めること。③は、表彰式が打ち上げ花火で終わらぬよう、当日まで「種火を」広げ、燃やし続けるムーヴメントを皆で創ること。

私たちの会社には、COY(Company of the year)と呼ばれる、年度で最も素

晴らしい成果を挙げた組織（法人・カンパニー）を「ゴールド」「シルバー」「ブロンズ」と三段階で表彰する制度があります。年度末に受賞カンパニーが選定されるのですが、事前の第3四半期末にノミネートカンパニーが発表されるのがミソです。つまり、受賞の可能性が高い組織があらかじめノミネートされることで、表彰式までの最後の四半期を全員で全力を尽くし、そこに向かって走りきることができるのです。

私たちは、上の写真のように、職場に飾る横断幕に各人が「掴む」ための宣言を書いたり、お互いへのメッセージをステッカーに寄せ書きし、PCディスプレイの裏側に貼ったりしながら、授賞式当日まで種火を広げ、燃やし続けました。結果として、3位の「ブロンズ」を受賞し、全員で壇上に上がったときは喜びもひとしおでした。

I can't understand why people are frightened of new ideas.
I'm frightened of the old ones.

「新しい考え方を怖がる人の気が知れない。
私は古い考え方の方が恐ろしい」

John Milton Cage Jr.
ジョン・ミルトン・ケージ・ジュニア

アメリカ出身の音楽家（1912－1992）

6章

頭：考える

Think

【概要】

優れたリーダーは、従来の「やり方」「成功体験」を健全に疑い、自身も常に変化し続けます。論理的に分析する左脳優位の思考だけではなく、今までにないものを生み出す閃きや潜在意識をも活用し、創造性を高めることが、これから到来するＡＩ（人工知能）時代の中で競争優位の源泉になることを自覚しています。そして、ときには立ち止まって「今、ここ」にある本質を探究したり、衆知を集めて組織の智慧に変換するなど、これまでとは異なる質感の「考えるリーダー」が求められています。本章では、これからのリーダーに必要な「考える力」についてお伝えしていきます。

これからの時代に必要な「考える」ことを「考える」

❶「未知未知」に「満ち満ち」た時代

2002年、イラク政府がテロ集団に大量破壊兵器を提供している証拠が不明確であるという不備を記者会見で指摘された、アメリカの当時の国防長官ドナルド・ラムズフェルド氏が言った有名な台詞があります。

「何かがなかったという報告は、いつ聞いても面白い。知ってのとおり、知られていると知られていること、つまり知っていると知っていること（既知の既知）があるからだ。知られていないと知られていること（既知の未知）があることも我々は知っている。言ってみれば、我々は知らない何かがあるということを知っている。しかし、知られていないと

「知」の3段階

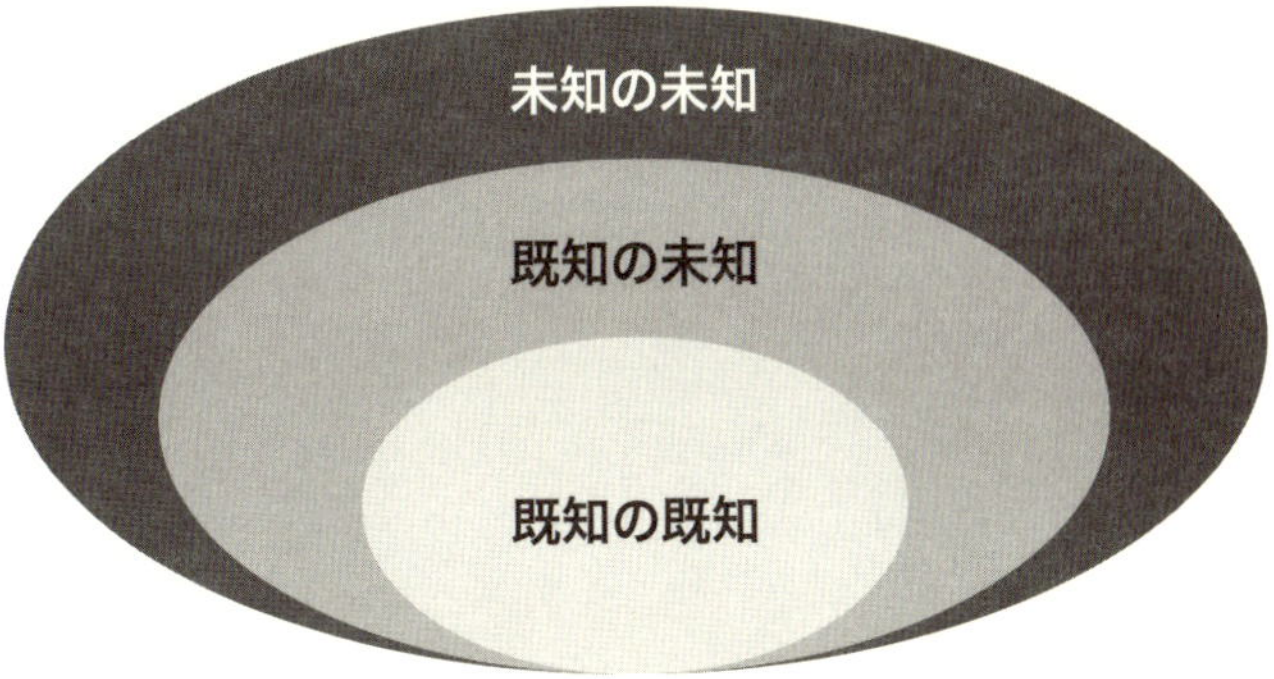

知られていないこと、つまり、我々が知らないと知らないこと（未知の未知）もある」

“Reports that say something hasn’t happened are always interesting to me, because as we know, there are known knowns; there are things we know we know. We also know there are known unknowns; that is to say we know there are some things we do not know. But there are also unknown unknowns–the ones we don’t know we don’t know.”

何やら禅問答のように聞こえるかもしれませんが、要するに知のレベルには3段階あり、まず自分が知っていると知っている「既知の既知」、その外に当該のことについて知らないことを知っている「既知の未知」、さらには知らないことすら知らない「未知の未知」があることを示しています。

私たちの思考は、2段階目の「既知の未知」でとどまり、その先に「未知の未知」という広大な世界が広がっていることを忘れがちです。前述したVUCAの時代、環境変化のスピードはとてつもなく速く、テクノロジーは日進月歩で進化し、国際情勢は予断なく移ろい、法規制は相次いで改定され、顧客ニーズはますます多様化する――世界は加速度的に自分の知らないことすら知らない「未知の未知」に「満ち満ち」ていっているというファクトから、リーダーは目をそむけてはなりません。

環境変化が比較的ゆるやかで、これまでの延長線上の連続的成長の中では、先の変化を予測し、計画を立案、実行するという、いわゆるPDCAのサイクルを回すことが容易でしたが、今や計画はPlanしたその瞬間から、過去のものとして陳腐化してしまうジレンマがあります。その意味では、これまでのやり方や知識といった「遺産」は、既知の領域では活用できても、未知の領域では役に立たないばかりか、そこにしがみつくことでかえって足枷になったり、変革の阻害となる可能性も孕んでいるのです。

「考える」というと、置かれた状況や課題を論理的に分析して絶対解を導き出すとか、たどり着きたいゴールに向けて「計画」「準備」をして行動に備えるといったことを思い浮かべがちですが、もはや「これまでのやり方」が通用しなくなっているという「現実」をまずは理解しなければならない時代になっているのです。

❷「考える」ことを阻む5つの大きな壁～「経験」「前提」「抽象」「選択肢」「文脈」

①経験の壁

リーダーには、さまざまな仕事を通じて培ってきた自分ならではのやり方があります。そこで培われた「経験則」は、仕事を効率的に進める上で自分を大いに助けてくれました。しかし、「今までこうしてきたから、こうあるべき」という思考は、変化の激しい現在ではリスクにつながります。正しさはあくまで相対的なものであり、環境が変わったのなら、自分も変化する必要があるのです。

一度学習した知識や経験を捨てて、新たに学習し直すことを「アンラーニング」と言いますが、経験を一度、白紙にしてみることで、新たな気づきを手に入れましょう。

組織も過去の経験、慣習、手続きに囚われがちです。「このやり方でうまくいってきたから」「前任の上司は、こうしてくれたから」「これまで市場で勝ってきたウチの花形商品が他社に負けるはずがないから」──さまざまな過去の成功体験や思考様式に縛られ、状況の変化に刮目せず、衰退していく組織の例は枚挙にいとまがありません。

ハーバード・ビジネス・スクールのクレイトン・クリステンセン教授は、既存市場のトップ企業が、新規市場の急速な成長や拡大を見過ごし、トップの座から落ちていく現象を「イノベーターのジレンマ」と名づけていますが、未来の変化の主体者になるには、過去への執着を手放すことが必要なのです。

②前提の壁

当たり前の話ですが、問題を解くには、問題の存在が必要です。ここで気をつけなければならないのは、「解こうとしている問題が真の問題なのか」ということです。

私はよく、ワークショップの冒頭で「全員自己紹介」というアクティビティを取り入れます。参加者の皆さんに「今から10分、時間をとるので、ここにいる全員と自己紹介してください」と伝えるだけのシンプルなものですが、10分後、皆さんにこう告げるのです。「私のところに自己紹介に来る人はひとりもいなかった」と。すると、少しの間があった後で、決まって参加者の皆さんはバツが悪そうな表情をします。つまり「ここにいる全員と」という前提に講師を含めていなかったことに気づくのです。

人は、自分で勝手に前提を決めがちです。それって本当？（Is it true ?）と自問することを習慣にしましょう。隠れている前提を引き出すのに有効なのが、トヨタ自動車が製造プロセスの改善を目的に編み出した「Why ×5」法です。やり方はとてもシンプルで、なぜを5回繰り返す、つまり前提を5回疑ってみるというものです。

③抽象の壁

よりよく考えるには、数字で具体的に捉えることも必要です。たとえば、部下から「この商品はお客さんからけっこう問い合わせがあるので、パートナーへの発注量を増やしたい」という相談を受けたら、「けっこう」とはどのくらいの量なのか、過去からどの程度、発注量の変動があるのか、抽象的な言葉を数字で具体化した上で判断することが必要です。

他に抽象的な思考停止ワードとして、「みんなやっている」という表現をよく聞きますが、みんなとは誰のことを指しているのか、何人中何人なのか、漠然とした表現を具体に変換し、何人中何人の分母を確認することも必要です。

私は講師の育成もしているので、研修後の受講生のアンケート数値は、自身の結果はもちろん、他の講師の結果もよく見ます。その際、まず注目するのは、最終的に算出された5段階評価の平均点（たとえば、4・5点）ではなく、受講生（分母）は何人だったのかです。これは、「5人の受講生で平均4・5点」と「100人の受講生で平均4・5点」では、そもそも数における重みが違うからです。

最終結果だけで判断しようとせず、分母の存在を押さえることが重要です。

④選択肢の壁

考える際には、判断する上で必要な情報の収集からはじめますが、情報が多すぎると意思決定は遅くなります。私もワークショップのプログラムを開発する際にはさまざまな情報を収集しますが、感覚値として、情報は7割から8割あれば十分。8割以上の情報を集めようとすると、1割から8割の情報を収集するのと同じか、それ以上の労力がかかります。むしろ7~8割の不完全な情報でいったん判断をして、プロトタイプを創って試行し、結果からのフィードバックを活かしてさらに精度を高めていくというやり方がベストウェイで、実行を伴わない情報・ノウハウコレクターにならないことが肝要です。

アメリカの心理学者、バリー・シュワルツは、人は考え、意思決定をする際、「サティスファイサー」(満足しやすい人)と「マキシマイザー」(最大限によいものを求める人)の大きく2つのパターンに分かれると言います。

「サティスファイサー」は、自分の要求を満たすのに、「ほどよい」もので十分と考え、

「マキシマイザー」は、最良の条件を手に入れないと気がすまず、考えうる限りの選択肢を検討しようとします。そして人生の幸福や満足感は「サティスファイサー」のほうが得られるとしており、まさに「足るを知る」ことも必要なのです。

⑤文脈の壁

上の図は、縦の列方向と、横の行方向で見たときに捉え方が変わることを示しています。真ん中の文字がアルファベットのBに見えたり、数字の13に見えたりするのは、どの文脈で考えているかによります。自分の思考が前後の文脈で左右されていないか、安易に判断を下そうとしていないか、見極めることが必要です。現象学で有名なドイツの哲学者、フッサールは、世界をありのままに見るには、判断中止（エポケー）することも必要だと言っています。大事な決断をする際は、拙速にすぐに決めようとしない、ときには席を立って、今の文脈から一度離れてみる、時間が許せば休憩してみる、意図的に先送りする。そうしたことで思考が切り替わることはよくあります。自分の持っている文脈がすべてではなく、別の文脈、見方があることを謙虚に探究し、「囚われ」から脱しましょう。

❸マインドフルネス瞑想で本質を捉える

前述のように、世界の変化のスピードは圧倒的に速く、膨大な情報や選択肢が私たちの活動を侵食しています。ハーバード大学の心理学者、マシュー・キリングスワース博士等に「人間は活動中の約50%の時間を目の前のことに注意を払わずに生きている」という研究結果があります。

我が身を振り返ってみても、これから起こるかどうかわからない未来に対して不安を感じていたり、すでに終わった過去の事柄に執着したりと、今、この瞬間に起こっていることに意識を向ける時間が少ないことがわかります。

そうした中、私たちはどのようにすれば、実体のない、未来や過去に意識を奪われずに、目の前にある本質をつかみ取ることができるでしょうか?

ひとつのやり方として、1日の中で数分でもいいので、立ち止まり、雑多な情報や移ろう事柄を遮断し、今、ここを見つめてみる時間を設けるのは、いかがでしょうか。

最近、各方面で話題にのぼっているマインドフルネス。これは、ブッダが悟りを開いて最初にした説法の中で、人の心に救いの火を灯すために伝えた8つの事項「八支正道」の7番目に登場する「正念」（正しく、今に心を添えると書く）を英語で表現したもので、「今、この瞬間に、評価判断をすることなく意識を向ける」ものです。

以前、京都の鞍馬山で購入した書籍に以下のような詩がありました。

人《ひと》は泰山《たいざん》に登《のぼ》りて泰山《たいざん》を見《み》ず、
密接不離《みっせつふり》の心《こころ》を抱《いだ》きて、その心《こころ》を知《し》らず。
内《うち》なる寶《たから》を外《そと》にして却《かえ》って虚妄《きょもう》に没頭《ぼっとう》す。
眼《まなこ》を閉《と》じて宜《よろ》しく萬象《ばんしょう》を観《み》よ、
眼《まなこ》を開《ひら》けば即《すなわ》ち是《これ》を失《うしな》う。
徒《いたず》らに天上《てんじょう》の月《つき》を貪《むさぼ》り観《み》て、
掌中《しょうちゅう》の珠《たま》を失却《しっきゃく》すること勿《なか》れ。

『すべては尊天にてましますー鞍馬山の教えのあらまし』信樂貞雄著（鞍馬弘教総本山出版部）より

いたずらに天上の月、情報に翻弄されることなく、立ち止まることで、掌中の珠である本質に気づくことの大切さを説いています。マインドフルネスを実践するとは、あれこれ考えずに目の前のことに集中する時間を1日10分でもいいので取ってみることです。

実践する際は、左の4つのプロセスを繰り返します。

マインドフルネスは、本書で強調するまでもなく、さまざまな研究や実践家の経験から、生産性、集中力、判断力の改善、クリエイティブなひらめきといった思考力の強化に役立つことが証明されてきています。

私が考えるマインドフルネスのポイントは、こうした心身の健康や仕事上のパフォーマンスの向上もさることながら、雑念や感情をはじめとする、自分の中で今その瞬間に起こっている違和感を冷静に観察できるようになる、脳科学で言うところの「メタ認知」ができるようになることだと思います。

起こった出来事に対して、むき出しの感情に任せて反応する前に、ワンクッション置いて心の「スペース」を空ける。心の「ポーズ」（一時停止）ボタンを押すことで、最適な結果につながる思考を選択できるのが利点です。

マインドフルネス瞑想の手順

力を抜いた姿勢に	立っても、座っても、歩いてもよし、自分にとって居心地のいいリラックスできる力を抜いた姿勢を取る
呼吸に意識を向ける	自分の呼吸（吐く息、吸う息）に意識を向ける。そのときの体の感覚にも意識を向ける
雑念が生まれる	心配や妄想など、雑念が芽生えてきたらフタをせず、ただ好奇心を持ってそれを見つめてみる
雑念を手放し、再び息に意識を向ける	雑念をいったん手放して、再び呼吸に意識を戻す。上記のサイクルを繰り返す

たとえば、あなたが部下の不適切な言動を見て、「何度言っても伝わらない！　教育してもムダだ！」と思ったとします。これは、怒りの情動に自身が支配されている状態です。

イライラという感情が湧いてきた際には、「私の中に、イライラという感情がある」と一歩、距離を置いて自分の感情を眺めてみる。こうして心のスペースができると、これまでとは結果が変わってくるのではないでしょうか。

小噺◆18

ひとりリトリートのススメ（山奥の古刹《こさつ》で滝行と写仏）

ハイパフォーマンスを生み出すためには、しっかり休息することが必要です。休日なのに、月曜日からの仕事のことで頭が一杯で、心が休まらないといったことではいけません。

創造的な思考やアウトプットをするには、心身ともに休息を取ることが欠かせません。そのために、年に数回はひとりで旅に出ることをお勧めします。普段の生活の場や喧噪の都会から離れ、大自然がある場所でひとり、ゆっくりと静養する。もちろん、スマホの電源は切ります。

普段はやらない、行かない非日常に我が身を置いてみる。よいエネルギーをいただけるところに、私もよく行きます。

リトリートとは、単なる物見遊山的な旅行とは異なり、日常から離れ、心身をリセットし、瞑想などで養生することを指します。

写真は、富山県の山中にある大岩寺にひとりリトリートに行き、滝行とお不動様を写す、写経ならぬ、写仏をしたときのものです。滝に打たれているときや、写仏をしているときは、マインドフルネスと同様、他のことは一切考えずに、目の前のことに集中している状態です。特に滝行は、水に入った後に心身が覚醒するというか、体が熱くなり、心が軽くなり、普段は見えない葉っぱの葉脈まで青々と観えるようになるような、意識の階層がスコーンと突き抜けるような体験でした。いつでもできることではありませんが、お勧めのリトリートです。

競争優位を築く、脱ロジカルシンキング

❶ 左脳でアイデアを潰さずに、右脳のクリエイティビティを引き出す

これまで私たちが受けてきた教育や評価されてきた能力は、「左脳」重視と言えます。試しに左図を見てください。左脳と右脳の各項目を見比べると、どちらかと言うと左脳のほうになじみがあって、右脳のほうには距離感を覚える人が多いのではないでしょうか。私たちがこれまで受けてきた左脳優位の教育は、右脳の発達を疎かにしてしまった側面があると思います。ところが、検索エンジンをはじめとする、インターネットやＡＩ（人工知能）の発達によって、これまで左脳が得意としていた情報の整理、計算、記憶に基づく処理の質とスピードが格段に高まり、仕事によっては、人がＡＩに取って替わられる日も近づいています。

右脳と左脳それぞれの機能

	左脳	右脳
記憶	言葉 数字 部分 名前	イメージ パターン 全体 顔
表現力	言語的 数値	非言語的 絵（ビジュアル）
思考の形態	分析的 直線的 論理的 連続的 垂直的 集中的	空想的 空間的 類推的 同時的 水平的 拡散的
選択	黒か白か	グレーを許容する
マネジメント	ルール	ビジョンの共有

出典：『右脳で遊ぶ発想術』チャールズ・トンプソン著（TBSブリタニカ）P.152 脳の情報処理機能、一部編集

こんな時代にリーダーに求められるのは、ＡＩにはできない、全体を見通す力、一見結びつかないと思われているものをいとも簡単に統合する力、物事を逆から見て枠組みを超える力など、人間の右脳の持つクリエイティビティなのだと思います。

ビジネスの世界で競争優位を確立するには、左脳だけではなく右脳を発達させていかねばなりません。

右脳を活性化するには、先にあげたマインドフルネス瞑想の実践が効果的とも言われています。また、絵を描いてみることも大変有効で、たとえば目標設定する際に数字や文字だけで目標を記述するのではなく、絵でその状態を描いてみると、発想の広がりや発見が

リーダーが左脳でアイデアをつぶす10のキラーワード

生まれます。

私もリーダー層向けのワークショップを行なう際に、以前はアクションプランを具体化する「5W1H」や「SMART」の観点などを使って、具体的、数値的に記述してもらっていましたが、最近はビジュアルを併用してプランニングしてもらうようにしています。すべてのリソースをすでに手に入れた状態（私たちはすでに○○になっているという「未来完了形」の状態）をクレヨンで絵として描いてもらうのです。

そして、その状態になるためにどんな困難があったのか、それを乗り越えるためにどんなチャレンジをしたのかをバックキャスティング形式で、めざす目標から現在まで、戻ってくるように文字で記述してもらいます。

この取り組みによって、実行力が格段に高まったという嬉しい声をクライアントからいただくことが増えています。

また、左脳はすぐに「白か黒か」を選択しようとしがちなので、一見、突拍子もないアイデアを押し殺すのではなく、歓迎することも有効です。右図のようなアイデアを殺すキラーワードを部下に悪気なく使っていないか、見直してみてください。

❷ ひらめきの神、ミューズを降臨させる5つのステップ

解決したい問題を悶々と考え、ついにアイデアを思いついた瞬間を「神が降りてきた！」と表現することがありますが、古代ギリシャでは創造を司る神として、またインスピレーションの源として、「ミューズ」と呼ばれる神が崇められていました。ミューズの神が降臨した結果、創造された芸術品が収集され、展示されている場所をミュージアムと呼ぶのは、その名残と言えます。

ひらめきの瞬間というのは、文字通り閃光が走るというか、見えている世界が一瞬で変わるような、論理的には説明がつかない、ある種の神聖さを伴います。このひらめき、直

観を意図的、自覚的に起こせるようになれば、リーダーの思考力としてこれほど頼もしい味方はいません。なにせ、ミューズの神を自在に操ることができるのですから。

そこで直観、ひらめきを起こすステップを紹介します。

ステップ1 明らかにしたい「問い」を立てる

やみくもに情報を収集する前に、問題は何なのか？　と問いのアンテナを立てると、不思議とそれにまつわる情報が集まってきたり、目につくようになります。漠然とした問いではなく、1点にエネルギーの焦点を絞ったようなシンプルで具体的な問いを立てます。

問いを立てる際には、3章でご紹介した、「どのようにすれば～」からはじまる質問文を創るとパワフルです。また、その問いを自分だけのものとせず、チームで共有すると、さらに情報が集まってきます。

ステップ2 インプットし、3割の粗さで思考する

イギリスで広告の父と呼ばれたデイヴィッド・オグルヴィ氏は、無意識を最大限に活用するには、情報収集が不可欠であるとして、次の格言を残しています。

「偉大なアイデアは、無意識から生まれてくる。これは、芸術、科学、広告にも当てはま

直観、ひらめきを起こすステップ

❶	明らかにしたい「問い」を立てる	情報収集を始める前に、何を明らかにしたいのか、「どのようにすれば〜」から始まる問いのアンテナを立てる
❷	インプットし、3割の粗さで思考する	情報コレクターにならない程度にインプットし、いったん3割の粗い完成度で考えてみる
❸	放置・培養の間を空ける	考えることから離れ、「デフォルトモードネットワーク」が脳内で働く状態を意図的に設ける
❹	浮かび上がってきたひらめきを捕まえる	自分なりのアイデアの「捕獲場所」を設け、深層から浮かび上がってきたアイデアを掬い取り、逃がさないように残す
❺	ひらめきを検証、組み合わせ、具体化する	その閃きやアイデアを組み合わせ、6〜7割の完成度でいったん試すことで、具体化していく

る。しかし、無意識にも十分に事情に通じていてもらう必要があるのだ。さもなくば、あなたの考えは妥当なものにならないだろう。意識に情報をつめこんでから、合理的な考えの鍵を外しなさい」

　そして収集した情報をいったん3割の粗さで思考してみる。3割というざっくり感がいいのです。単なる情報のコレクションだと、アイデアの培養に時間がかかりますが、3割でも思考のトリガーがあると、アイデアが降りてくるスピードが格段に速まります。

ステップ3 放置・培養の間を空ける

情報収集し、3割の粗さでこんな感じかな？　と思考したら、いったん忘れる「培養」の時間をとります。このときは、気を緩めてリラックスすることが肝要です。誰にも邪魔されない自分だけの時間、これを私は「聖なるぼんやり時間」と名づけていますが、ボーっとした時間をとります。このときは、鉢巻を締め、さぁ、思いつくぞ！　ひらめくぞ！　と身構えない。特別なことをやろうとすると脳にブレーキがかかり、休めることができません。現場を離れたり、ネクタイ外したり、着替えたり、お風呂に入ったり、子供と遊んだりします。

心身ともにリラックスすると脳波が変わり、直観が生まれやすいアルファ波が生まれます。マインドフルに瞑想してもいいでしょう。このとき、脳では、感情や記憶などをつないで束ねる働きをする「デフォルトモードネットワーク」と呼ばれる機能が活性化し、脳がアイドリング状態になり、記憶情報や五感の体験と結びつき、アイデアの発酵がはじまります。

ステップ4 浮かび上がってきたひらめきを捕まえる

かつて唐宋八大家の文人、欧陽脩《おうようしゅう》は、ひらめきは三上、すなわち「馬上《ばじょう》」「枕上《ちんじょう》」「厠《し》上《じょう》」で生まれると言いました。これらの場所では、ひとりでぼんやりしていることが多く、リラックスした瞬間に脳の中で発酵した思考が結びつき、浮上してくることが多いからでしょう。ゆえにアイデアを捕まえるための、自分なりの「○○上」を持つことも必要です。

私の場合は、「シャワーを浴びているとき」「寝入りばなや起き抜け」「通勤電車での移動中」「筋トレ中」がひらめきを捕まえやすい場所となっています。あなただけの捕まえやすい場所を設けてください。そしてその場所に、アイデアを書き留められるメモを用意しておくのです。私は、常に胸ポケットにロディアのメモ用紙とペンを忍ばせています。また、いいなと思った絵は、すぐにスマホで撮影したり、誰かに共有したりと、何かしら記録、記憶に残すことをルーティンにしています。

ステップ5 ひらめきを検証、組み合わせ、具体化する

新しいひらめきは、単体というよりも何かと何かの組み合わせで生まれることが多いものです。それは、まったく新しいアイデア同士（「新規×新規」）というより、「既存×既存」か「既存×新規」が多く、思いついたアイデアを既存の文脈の中に入れてみると、どんな摩擦や化学反応が生まれるのか、頭の中で思考実験をします。そして、3割の完成度を6〜7割くらいに引き上げたら、プロトタイプ（試作品）を作って実際に試すのです。

私の場合、作るものがワークショップのコンテンツであることが多いので、作ったらまず職場のメンバーに実験的に試してもらいます。すると予測と異なる反応が返ってきたり、新たな発見があったり、フィードバックをもらうことで、自分では見えなかった角度からどんどんシェイピングされ、成形されていきます。

私は、自分の頭からアイデアが離れて、ひとりで歩きはじめるこの瞬間が大好きです。

❸ビジュアリゼーションで潜在意識にアクセスする

直観は、無意識へのアクセスで生まれるということを前述しましたが、無意識へアクセスするには、思考の放置、培養のほかに、イメージの力を使う方法があります。

イメージは、心の深いところにある潜在意識を表層へと浮かび上がらせる手助けをしてくれる有効な手立てです。その際には、シナリオを用いたビジュアリゼーションと呼ばれる瞑想ガイドを利用することが有効です。

リーダー層に対して、リーダーシップ開発を支援したときのワークを例にとりましょう。

ある企業が記念館を新設する際、「その館のコンセプトをどうするか、展示物も含めてリーダー層に考えさせたい」というオファーがありました。通常は本社の会議室で、図面

ビジュアリゼーション クエスチョン

- 今、この場所に、はじめて立って、感じた印象は？
- 3年後、あなたは、この場所に再び訪れました。どんな人たちがこの空間に訪れていますか？（性別/国籍/年代/職種）
- そこでは、どんな会話が交わされていますか？
- その人たちの表情や姿勢はどのようなものですか？
- この場所に訪れた人たちは、まだここに来たことのない人に「感想」を伝えています。それはどのような感想でしょうか？
- 30年後、あなたは、自分の孫を連れて、この場所に再び訪れました。作られた当初と比べて、どのような変化が起こっていますか？
- その可愛がっている孫に、どうしても伝えたい言葉が心の中に湧き起こってきました。あなたは、何を伝えましたか？
- あなたが描きたい風景を、自由にスケッチしてください。

を渡し、予算を伝え、什器の検討といった手続きを踏むところを、現実的な話をする前に、あえて地方にある建設予定地に全員で行き、土地のエネルギーを感じ、上のようなビジュアリゼーションを行なってから対話に臨みました。結果、対話の場が大変豊かになったことは言うまでもありません。リーダーの皆さんは会議室で実現可能性の枠内で計画を議論するよりも、はるかに豊かでビックリするようなアウトプットを創造しました。

他にも、私が「賢者の袋」と呼んでいる、自身が迷っているとき、何かしらのヒントを手にしたいときに潜在意識にアクセスできるガイドがあるので紹介します。

「大きな木の下のなだらかな斜面にある、柔らかで香ばしい草原に横になっている自分の姿を想像してみてください。大気は温かで、呼吸の度に、肺は生き生きした新鮮で澄んだ空気で満たされます。自分が呼吸している様子に注意を向けると、息をする度に自分の身体がだんだん軽くなるのを感じます。深呼吸を一つすると、自分の身体がふっと地面から浮かび上がる様子を想像してください。

自分の身体が、山辺まで広がっている草地の上を浮遊しているのを見てください。下には、小さな山羊《やぎ》の群れがいて、若い少年が番をしているのが見えます。この光景を見ていると、その穏やかな様子のために笑みが生まれます。山の方へと浮遊していくにつれて、自分の体がゆっくりと下降していく感じがして、ついには、辺りが樹木に覆《おお》われている、山間のとある小道に立っています。その小道を歩いて登っていく様子を思い浮かべてください。歩きながら、ひんやりとした緑の葉叢《むら》が触れ、顔には、木漏《こも》れ日の光が温かく感じます。どんどん上の方へ楽々と登っていき、ついには小高い山の頂にたどり着きます。そこの頂上には、年老いた賢者がいて、焚火のかたわらに静かに腰を下ろしています。賢者が来て坐るようにと合図をし、あなたはそうします。この賢者にどのような質問をしてみたいと思いますか。尋ねてみてください。

そして今度は年老いた賢者になり、自分自身がそこに腰を下ろして期待して答えを待ち受けているのを思い浮かべてみてください。その時あなたは自分自身に向かってどんなことを言いますか。

その年老いた賢者は、革の小袋に手をやり、ある物を取り出し、それをあなたに渡します。手渡されたその物を手の中に握りしめながら、ゆっくりと丘の方へと下り始めます。この探索の旅の印象を意識の中にしっかりと留めてください。丘の麓《ふもと》にまで辿り着き、ここで再び浮遊し始め、そこから最初の地点へと戻ります。戻ったら一、二、三と数えて、目を開けて、自分がおこなった探索の旅のことを回想してみてください。」

『直感 ひらめきの心理学』ドリス・J・シャルクロス他著（日本教文社）P91〜93より

このイメージの旅の過程で心の中に現われたさまざまな心象風景に、未来へのヒントが詰まっている気がしてなりません。特に、賢者が自分にくれた贈り物のイメージや手触り感は、自分の疑問や謎を解明する手掛かりになりそうです。対話や内省でそれを紐解くことで、見えてくることもあるでしょう。

小噺◆19

我が子が教えてくれた、考えない、がんばらない大切さ

ある日の休日、公園で娘の一寿桃《いずも》の一輪車の練習につき添っていたときのこと。最初は転んでばかりいた彼女ですが、だんだん距離が伸び、自分でコントロールできるようになります。子供の成長は早いなぁと感心しながら、何気なく「どうして、そんなにうまくなったの?」と聞いたところ、驚くべき言葉が返ってきました。

「あのね、うまく乗るコツはね、頭の中をまっしろしろしろにするの。うまくやろうとしないの」

大人は何かをするとき、うまく進めようと先のことを考えたり、うまくやるためにしてはいけないことを思い浮かべて、本来の力が出せないことがよくあります。

考えてみると、私たちは集中しているフロー状態では、何も考えず、目の前のことだけに純粋に没頭している状態にあるのではないでしょうか。

考えないことに加えて、がんばらないことも最高の力を発揮する原動力です。世界陸上などのTV中継では、レース直前に、選手がその場でジャンプしているシーンが

放映されますが、潜在能力を発揮するには、自分の体をゆるめることも必要です。

簡単にできる実験をご紹介しましょう。2人のうちどちらかが、足を肩幅に開いて立ち、絶対に倒れないように歯を食いしばります。その状態で相手に肩を押してもらうと、簡単に倒れてしまいます。次に、手首から先をぶらぶら振り、足が地面から離れない程度にジャンプを軽く10回ほどします。そして自然にすくっと立って、あらためて肩を押してもらうと、不思議なことにびくともしません。倒れないのです。歯を食いしばっていたときはすぐに倒れたのに、リラックスしていると、倒れない。人間の体は、リラックスしているほど力が出るのです。

ストレスフルな現代では、考えない、がんばらないことがハイパフォーマンスにつながるのかもしれません。

職場で実践！よりよく考える力を養う場を開く

❶ 衆知を集め、創造的に考える会議の場を開こう！

考える際には、リーダーがひとり机上で考えるだけでなく、メンバーと膝を突き合わせて智慧に変換することが、今の時代には求められます。組織が成長し続けるには、日々発生するさまざまな課題を、衆知を集めて解決し続けなければならないからです。

意見を集めて調整する手段として一般的なのが「会議」ですが、会議には、「盛り上がらない」「目的が不明確」「いつものメンバーだけが発言」「多すぎる回数」「上司が一方的に訓示を伝えるのみ」「何も決まらない」「決めても実行されない」といった問題点が指摘されることもしばしばです。

では、どうすれば組織の成長につながる効果的な会議運営が可能になるのでしょうか？

会議の4つのパターン

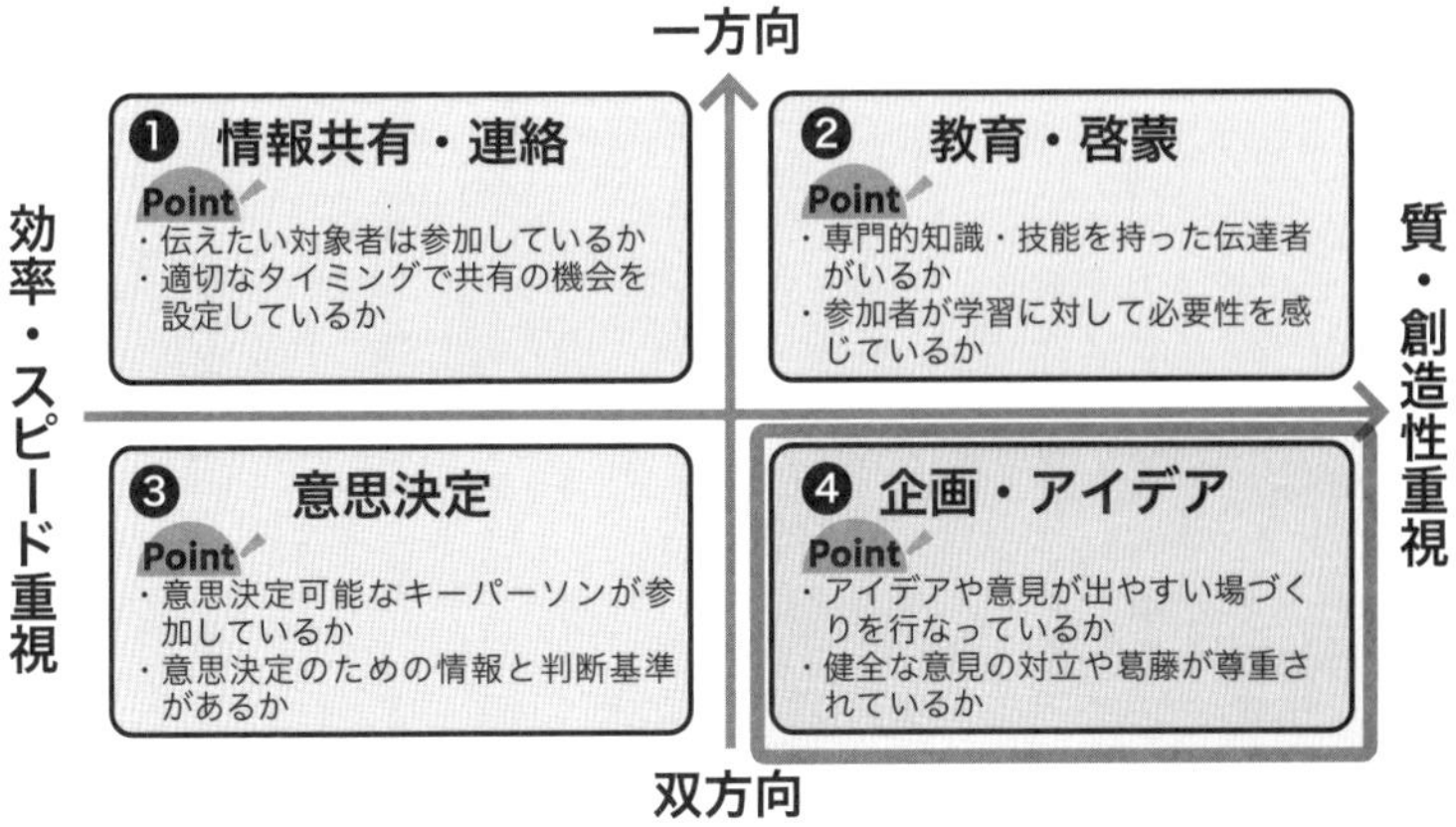
一方向
双方向
効率・スピード重視
質・創造性重視
❶ 情報共有・連絡
Point
・伝えたい対象者は参加しているか
・適切なタイミングで共有の機会を設定しているか
❷ 教育・啓蒙
Point
・専門的知識・技能を持った伝達者がいるか
・参加者が学習に対して必要性を感じているか
❸ 意思決定
Point
・意思決定可能なキーパーソンが参加しているか
・意思決定のための情報と判断基準があるか
❹ 企画・アイデア
Point
・アイデアや意見が出やすい場づくりを行なっているか
・健全な意見の対立や葛藤が尊重されているか

そもそも会議にはいくつかの種類があり、その種類ごとに適切に対応する必要があります。会議は、以下4つのパターンに分類できます。

①**情報共有・連絡タイプの会議**：適切なタイミングで参加者を招集し、抜け・漏れや歪曲がないよう、伝えたい相手に正確に内容を届けることが求められます。しっかり伝わっているかどうか、事後に確認してみるのも、ときには必要です。

②**教育・啓蒙タイプの会議**：業務の引継ぎやナレッジを継承するときなどに、専門的な知識や経験を持った人が、わかりやすくその内容を伝えるとともに、対象者が意欲的にその

場に臨めるよう目的や必要性をしっかりと伝えておく必要があります。

③意思決定タイプの会議：そもそも意思決定できるキーパーソンが参加していることが前提で、会議の場に判断材料が揃っていること、参加者を10人未満に制限し、「船頭多くして船山に登る」とならないようにすること。そして意思決定のプロセスに参加者を巻き込んで、決定後の納得感を醸成することが重要です。

④企画・アイデア出しタイプの会議：変化のスピードが速い現在、他社との差別化を図る上で大変重要な会議です。一部の声の大きい人の意見だけが通ったり、職位の高い人からの評価・判断が入る場ではなく、皆が安心して意見を言える場づくりが必要です。

このように会議の性質に応じてアプローチを変えることが有効ですが、とりわけ創造性と質の高さの両方を求められる「④企画・アイデア出しタイプの会議」は、運営や進行の難易度が高く、進め方にはコツがあります。以下6つのステップを見ていきます。

A 準備：何のための会議の場なのか、目的を明確に設定し、参加者の役割や期待、当日までの準備事項などの情報を事前に共有し、参加者が自分の意志や意見を持って会議の場に臨める状態を作ります。その意味では、会議は会議前からはじまっていると言えます。

B 安全な場づくり：狭すぎたり、窓のない会議室は避け、なるべく開放的で居心地のよい部屋を用意したり、場合によっては非日常の場所（カフェ、リゾートホテル、公園の芝生など）で行なうと活性化につながります。皆で話しやすいように距離を近づけて円座を囲むなど、目的に応じてレイアウトを変えるのも有効です。

また、皆が快適に臨めるよう、共通のグランドルール（発言は最後まで聞こう、人格とアイデアを分けよう等）を定めるなどして、

「企画・アイデアタイプ」の会議に必要なステップ

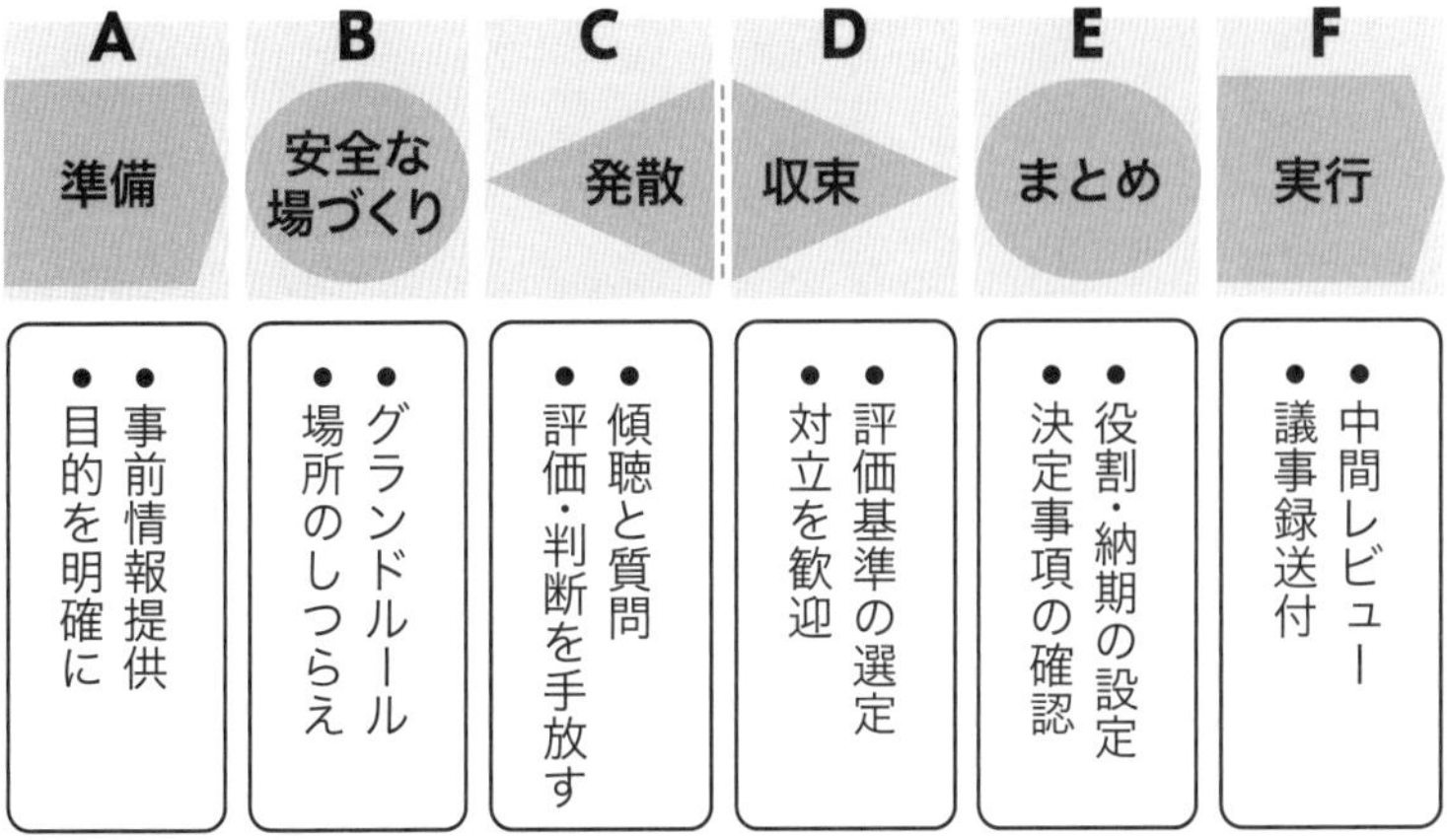

安心・安全な場づくりを行ないましょう。

C 発散：評価・判断を手放して、飛躍したアイデアを歓迎し、質より量を増やすことが必要です。そのためには相手の話を遮らず、オープンに積極的に耳を傾ける姿勢や、「なぜ？」と問いかけて深掘りしたり、「他には？」と広げてみたり、「それから？」と展開したりと内容を引き出す質問が有効です。発言の少ない参加者にも意見を聞いてみるなど、さまざまな声を場に出していきましょう。

D 収束：アイデアを絞り込むフェーズでは、お互いの意見の相違が明らかになってきますが、こうした対立はむしろ歓迎すべきです。対立の理由を知ることで、相手の意見の背景を知る機会になったり、多様な視点を取り入れることで意思決定の質が向上するからです。

決定する際には、多数派から少数派に圧力がかかることで意見が言いづらくなる「同調圧力」も考慮し、多数派の一方的な押し切りや誰かの大きな声で決まらないよう、一定の評価基準に基づいて決めましょう。

E まとめ：その場で決定事項を確認することが大切です。単純に「B案に決まりました」

で会議を終えてしまうと、参加者は他の誰かがやってくれるだろうと行動を起こさずに終わってしまいます。必ず、「何をやるか（実施項目）」「誰がやるか（役割分担）」「いつまでにやるか（納期）」を決めて、その後のアクションへの橋渡しをします。

F 実行：まとめステップで決めたことを議事録やメールで関係各位にすぐに送ります。口頭のみだと、相手に正しく伝わらないリスクもあり、後で言った、言わないの水掛け論になる可能性もあります。形に残しておくことが、ビジネスを前に進める原動力になります。実行の度合いを検証する中間レビューの日程も決めておくと、さらに効果的です。

このように、丁寧にステップを重ねることで、双方向性があり、質の高さと創造性に富んだ会議運営が可能になります。あなたの会社の会議を創造的な場にするためにも、ぜひ、状況に応じたアプローチを行ない、成果につながる場を作っていただきたいと思います。

❷ マインドフルネス瞑想を職場でやってみよう！

マインドフルネスについての理解を促すために、私がよく使用するツールをご紹介しま

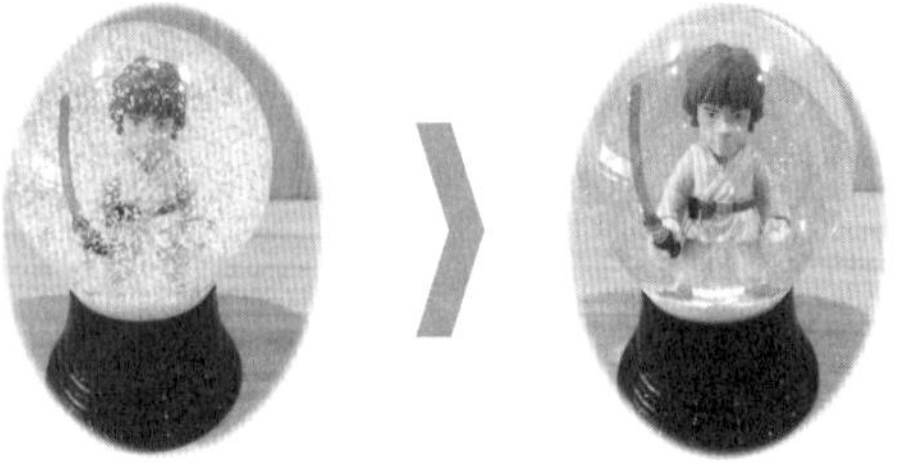

Before　After

しょう。「スター・ウォーズ」の主人公を模した人形がスノードームの中に入ったものです。

左は、人形のまわりを塵が舞っている状態。すなわち、「今、ここ」のマインドフルではなく、心が散らかった状態。視界がクリアに晴れて、落ち着いている右側がマインドフルな状態。マインドフルネスを実践する前と後の違いを視覚で理解してもらうのに役立ちます。

「マインドフルネス」については、何となく怪しい、実体や効果がよくわからないという懐疑心が少なからずあるので、それを払拭する目的ではじめに使用しています。

あとは、215ページでに紹介した4つのSTEPをたどり、実際に座って実践してもらいます。

左ページのような瞑想でなくとも、すぐにできる方法として、会議の前に3分だけ「ポーズボタン」を押して、皆で目を閉じてみる。全員がその場にいることを、その場でただ感じてみる……。そこから会話をはじめるだけでも、これまでとは質感の異なる会話が生まれる場になるのでお勧めです。

シーン①
ただ、座る。今、ここにある「座る瞑想」

シーン②
横になり、頭頂からつま先まで順番に意識を向ける「ボディスキャン瞑想」

シーン③
上司、部下で評価・判断を脇に置いて聴く「マインドフルリスニング」

❸過去の一切の執着を手放し、未来へのシフトを起こす場を開こう！

前述の「『考える』ことを阻む5つの大きな壁」（207ページ）で、過去の経験や前提、文脈に囚われずに、執着を手放すことが必要だということをお伝えしました。これはリーダーのみならず、組織にとっても重要で、状況が刷新された中で機動力を発揮して、変革を成し遂げるために欠かせないことです。

私の組織でも、２０１８年の１月に社長交代という大きな「ライフイベント」がありました。社長交代に加えて新会計年度のはじまりということで、新戦略・指針の伝達と、それに基づく速やかな実行が求められていました。

一方、メンバーの視界としては、２０１７年に社内表彰をもらうほどパフォーマンスの高さが認められていたので、過去の栄光に対して「去年はよかったな。でも今年はどうなるんだろう？」という空気感が組織に漂っていました。

そこで年始にカンパニーメンバー総勢50名で行なったのが、「新しい物語をはじめるために、古い物語を手放すワークショップ」です。

何やらスピリチュアルというか、宇宙的な不思議な感じがするかもしれませんが、この節目の機会を、手間をかけてしっかりと設けることで、本当の意味で思考の切り替えができ、過去への執着を感謝とともに完全に手放し、全員が１２０％未来に視点を向けるきっかけになりました。

変化のときは、どうしても過去にフタをして、意識を無理やり未来に向けようとしがちですが、一時停止して、過去をしっかりと味わった上できちんと手放すプロセスを歩んだほうが、遠回りに見えて、結果的にはスピーディーな変革につながるのです。

新しい物語をはじめるために、古い物語を手放す

シーン①
小グループに分かれて、各人が昨年、最も印象に残っていること、感謝や悔いていることなどを分かち合う。
海に流れ着いた流木をトーキングオブジェクト（会話をする人が持つことが許される棒、ネイティブアメリカンの智慧）を使う。

シーン②
互いの話を十分に聴き合ったあとで、中央の暖炉に模した木組みの中に、一人ひとり、感謝の言葉と共に流木を捧げる。

シーン③
最後に想いを焚き上げて昇華させる。まるでそこに炎があるかのように皆でその想いを焚き上げて（実際に火は使ってはいない）手放す。

小噺◆20

健全な思考は健全な身体に宿る

考えることがテーマの本章では、考えるためには、ロジカルシンキングのフレームメーカーになるよりも大切なことがあるということを、さまざまな角度から述べてきました。最後に、触れずにはいられないのが、「健全な思考は健全な身体に宿る」ということです。

私が筋トレをはじめて1年ほどになりますが、はじめる前と今とでは、思考スピードが2倍くらい加速した感覚があります。身体を鍛えるとまずお腹がすくので、3食しっかりとるようになります。また、運動で疲労感があるので、夜はぐっすり睡眠がとれ、規則正しい生活が手に入ります。

また、筋トレで自分の限界突破のオールアウトを繰り返していくと、思考のブレークスルーにも似た感覚が手に入ります。何より血流がよくなります。そして、これまでつながっていなかった脳の神経回路がつながるようで、脳が活性化し、豊かな発想力が手に入るのです。

職場の愛するメンバーと世界最強の障害物レースに参戦

左から石井さん、筆者、木村さん

左から、溝口さん、筆者、酒井さん

旅先でもトレーニングを欠かさずルーティンに

筆者と長男、空乃佑《そらのすけ》

ひらめきを捕獲する自分なりの「○○上を持て」という話をしましたが、私の場合、トレーニングルームでガンガン音楽をかけて、無心で筋トレをしているときにアイデアが降りてきます。ですから、ベンチプレスの近くにメモを置き、アイデアが降りてくるのを待つときもあります。

ひとりでトレーニングすることに飽き足らず、今では周囲にも健康になることを推奨しています。自分よりひと回り以上若い、愛すべきメンバーと一緒に過酷な障害物レースに出場するなど、健康で身体を鍛えることの豊かさを周囲に広げる活動をしています。

謝辞（あとがきにかえて）

この本を手にとってくださったあなたへ。

今、日本では、年間の新刊書籍発行点数が8万点以上あると言われています。星の数ほどある選択肢の中から、たった1冊のこの本と出会っていただいたことに、心から感謝します。

本書は、目まぐるしく変わる環境の荒波の中で、リーダーとしてチームを本気にさせるために必要な力を、実践も踏まえて、なるべくわかりやすく伝えるために書いた本です。いかがでしたでしょうか？

リーダー論のノウハウ、ハウツーも必要ですが、それ以上にリーダー自身のあり方や、メンバーの前向きな意欲を引き出すための関わり方、そして何より、皆で新しい答えを創っていく生成的な場のつくり方が大切であることを少しでもご理解いただけたなら、私にとって望外の喜びです。

最後にお礼を述べさせてください。

はじめに、出版に向け心強い推薦をくださったリンクアンドモチベーショングループ代表の小笹芳央さん。僕にいつもチャレンジングな場の機会をくださる（株）リンクイベントプロデュース社長の榊原清孝さん、自由に任せてくれる上司の林知宏さんをはじめ、愛すべき同僚の皆さん。特に、本書の職場、施策紹介で取り上げた事例のいくつかは、社内有志で創ったEmbody Projectチーム（漆原美里さん、遠藤愛子さん、川鍋絵美さん、小池芙美香さん、林美保子さん、前社長八重樫徹さん）発案の創造的な場です。

また本書の一部には、私がかつて日経ＭＪに寄稿した内容から着想を得たものも含まれており、本書のコンセプトのヒントを与えていただいた同紙にも感謝申し上げます。

そして、前作同様、ときに励まし、お力添えをいただいた同文舘出版の竹並治子さん。何よりもこれまで、現場で志をひとつにして、ご一緒させていただいたクライアントの皆様と、可能性に溢れた参加者一人ひとりの皆さん。

最後に、健康な身体を授けてくれた両親（広江卓、章子）、弟の正弥、本の執筆で休日の家族団らんがカットされるにもかかわらず、応援し続けてくれた妻の明日香と子供たち、一寿桃《いずも》と空乃佑《そらのすけ》とみーちゃん。

皆さんのお力添えとご支援がなければ、本書はこの世に生まれませんでした。あらためて謝辞を申し上げ、筆を置くことにします。

日本の職場に覚醒した真のリーダーがひとりでも多く生まれますように。

これから、とある企業の第二創業への転換を企図した対話会に向かう前のオフィスにて

著者略歴

広江朋紀（ひろえ　とものり）

組織開発コンサルタント、ファシリテーター、（株）リンクイベントプロデュース所属
産業能率大学大学院卒（城戸研究室／組織行動論専攻／ＭＢＡ）。出版社勤務を経て、2002年に（株）リンクアンドモチベーション入社。モチベーションエンジニアとして採用、育成、制度、理念浸透と一貫して組織課題の解決に向けたコンサルティングに従事。ＨＲ領域における豊富な経験を基に組織開発ファシリテーター・研修講師として活動中。延べ研修実績300社超、受講者3万人超、年間稼働150日を超える。参加者が本気になる場創りは、マジックと呼ばれるほど定評があり、リピート率、参加者満足度は同社トップクラス。ファシリテーターの養成も行なっている。
著書に『研修・ファシリテーションの技術 ―― 場が変わり、人がいきいき動き出す』（同文舘出版）。日経ＭＪ「学ぶ欄」への寄稿多数。
CRR Global 認定 Organization & Relationship Systems Certified Coach
Immunity to Change ファシリテーター

Facebook：https://www.facebook.com/tomonori.hiroe
研修・ワークショップのご相談はこちら➡ https://event.link-ep.co.jp/inquiry/

なぜ、あのリーダーはチームを本気にさせるのか？
―― 内なる力を引き出す「ファシリーダーシップ」

平成30年6月3日　初版発行

著　者 ―― 広江朋紀

発行者 ―― 中島治久

発行所 ―― 同文舘出版株式会社

東京都千代田区神田神保町1-41　〒101-0051
電話　営業03（3294）1801　編集03（3294）1802
振替00100-8-42935
http://www.dobunkan.co.jp/

ISBN978-4-495-54005-0

印刷／製本：萩原印刷

Printed in Japan 2018